인생에서
가장 후회되는 게
뭐냐고 묻는다면

인생에서
가장 후회되는 게
뭐냐고 묻는다면

노우티 지음

북모먼트

후회 없는 인생을 찾는
당신에게 드립니다

_____

_____

_____

프롤로그

우리는 매번 과거를 회상하며 현재의 삶을 되돌아보곤 합니다. 과거로 돌아가 젊은 날의 내가 조언을 구한다면, 어떤 말을 해줄 수 있을까요? 조금 더 무모하지 못했던 것. 더는 고민하지 말아야 했던 것. 더 많은 사랑을 나누어야 했던 것 등, 수많은 조언들이 쏟아질 겁니다. 살아가다 보면 대부분 동일한 시간 내에서 얼마만큼의 최선을 다했느냐라는 이야기로 귀결되지요. 우리 모두에게 동일하게 주어진 것은 시간이니까요. 결국 시간의 가치, 삶의 가치를 일깨워야 합니다. 나의 삶을 가치 있는 삶으로 바꾸어야 하니까요.

후회하지 않은 삶을 살아가는 데 도움이 되는 너무나도 유명한 3가지 문장이 있습니다. 바로 '메멘토 모리', '카르페 디엠', '아모르 파티'입니다. 모두 우리 일상에 깊이 들어온 라틴어 문장이지만 실제 그 문장들을 마음속에 담고 실천하면서 살아가지 못하는 게 현실이지요.

메멘토 모리(Memento mori), 죽음을 기억하라. 고대 로마에서는 전쟁에서 승리를 거두고 개선하는 장군이 시가 행진을 할 때 그 행렬 뒤에서 "메멘토 모리!"를 크게 외치게 했다고 합니다. '전쟁에서 승리했다고 너무 우쭐대지 말라. 오늘은 환영을 받지만, 언젠가는 죽는다' 라는 의미로 쓰인 풍습입니다. 많은 것을 생각하게 하지만 부귀영화도 한 순간이라는 것. 삶은 무한하지 않고 유한하다는 것. 우리는 언젠가 죽는다는 것. 그렇기 때문에 과거를 회상하고 삶에 대한 후회를 말함으로써

아쉬워하고 슬퍼하는 것이 아닐까요. 그렇기 때문에 우리는 삶을 어떻게 살아야 할 것인가를 끊임없이 고민하고 있는 것이니까요.

카르페 디엠(Carpe diem), 지금 이 순간에 충실하라. 로빈 윌리엄스가 주연으로 열연한 〈죽은 시인의 사회〉 덕분에 잘 알려진 라틴어 명언으로, 고대 로마 시인 호라티우스가 시집에 실었던 말입니다. 과거에 휩싸여 후회만 하고, 현실에 충실하지 못하고 지금을 살아가지 못하는 우리 모습을 대변하는 이야기가 아닐까 합니다. 후회를 후회로만 남기지 말고 발전 가능한 이야기로 삼아 지금을 살면 참 좋을 텐데 그러지 못하는 시간들이 아쉽기도 하겠지요.

아모르 파티(Amor fati), 내 운명을 사랑하라. 철학자 니체의 책 《즐거운 학문》에 나오는 유명한 말입니다. 노래 제목으로도 널리 알려진 이 말은 인생을 살아가며 더욱 공감이 되는 말인 듯합니다. 지금의 우리는 나의 운명을 사랑하며 살고 있는지 묻게 되기도 하지요.

숱한 후회 속에서도 그 후회를 뒤로하고 살아온 사람들도 많습니다. 후회 없이 본인의 길을 꿋꿋이 간 철학자에서 성공한 사업가, 소설가, 유명인 등이 살아오며 남긴 소중한 메시지를 담고자 했습니다. 그리고 그들의 삶에서 귀감이 될 만한 이야기를 우리 삶에 적용해본다면 조금은 더 가치 있고 행복한 삶으로 이어갈 수 있겠다는 생각이 들었던 것이지요.

그들의 삶을 살펴보면서, 인생의 벼랑까지 몰린 순간에 극적으로 자신을 일으켜 세우는 이야기에 주목했습니다. 때때로 눈앞의 인생이 벽으로 느껴질 때가 있습니다. 이 책에서 나오는 사람들이 다른 사람들과 다른 점은 역경과 고난 속에서도 스스로의 삶을 존중하는 모습을 보였다는 것입니다.

　존중은 끝까지 포기하지 않는 태도에서 나온다고 생각합니다. 역경과 고난 속에서도 인생을 그냥 흘려보내지 않고 끝까지 활로를 찾는 모습은 그 무엇보다 자신을 사랑하는 방법이었고 나아가 삶에서 후회를 남기지 않으려는 적극적인 의지의 표현이었습니다. 이런 마음가짐이 반복될 때 삶의 태도가 결정되는 것이겠지요.

이 책 한 권이 여러분의 인생을 극적으로 바꿀 수는 없겠지만, 삶의 태도를 정립하는 데 도움이 되었으면 좋겠습니다. 우리가 어떤 방식으로 바라보느냐에 따라 세상이 달리 보일 테니까요. 삶은 결과가 아니라 과정입니다. 하루하루 후회를 덜 하는 시간들이 쌓여갈 때, 삶은 우리 각자에게 고유하고 소중한 의미로 남을 것입니다. 마지막을 기억하고, 지금 이 순간에 충실하며, 각자의 삶을 사랑하고 받아들이며 오늘을 살아가는 것. 지금 바로 그렇게!

목차

지금 걷는 걸음을 멈추지 마세요
후회는 늘 더 가지 못한 길 위에 남으니까요

1장

후회 없는
삶을 위하여

시간이 없습니다.
지금 바로 인생을 사랑하세요

"Time is Money"

　미국의 역사적인 위인으로 일컬어지는 벤저민 프랭클린 (1706~1790)의 유명한 말입니다. 촌철살인과도 같이 무겁고 무서운 말이기도 하지요. 우리에게는 친숙한 문장이기도 하지만 이와 같이 생각하고 행동하는 이는 많지 않고요. 오랜 시간을 살아오고 난 뒤야 뼈에 사무치며 알게 되는 인생 진리와도 같습니다. 세상 모든 이가 태어나면서 공평하게 나누어 갖는 시간. 이 시간을 어떻게 쓰느냐에 따라 인생이 의미있게 흘러가는냐 무의미하게 지나가느냐가 결정되는 것이지요.

프랭클린의 이 위대한 문장은 어떻게 탄생했을까요?

그는 보스턴의 가난한 집안에서 태어나 유년 시절 고작 2년 간만 교육을 받았다고 합니다. 그런데도 불구하고 철저한 시간 관리를 실천함으로서 수많은 미국인이 존경받는 인물 가운데 하나가 되었죠. 미국 철학협회를 창립했으며 피뢰침을 발명하고 미국의 독립선언서 기초를 닦는 등 '최초'라는 단어를 많은 분야에서 기록한 인물입니다. 특히 그의 이름을 딴 플래너가 있을 정도로 시간의 중요성을 강조했지요. 그는 살아생전 스스로 13가지의 덕목을 수첩에 적어 매일같이 실천 유뮤를 확인했습니다. 그리고 그 13가지 인생 덕목의 중요함은 그의 자서전에서도 발견할 수 있습니다.

나는 50년이 넘도록 나의 수첩에
13가지 덕목을 항상 기록해왔다.
그리고 이 항목들을 실행했는지 하지 못했는지 체크했다.

그리고 1주일마다 13가지 덕목 중

한 가지를 집중해 실천하려고 노력했다.

내가 항상 행복한 인생을 걸어올 수 있었던 까닭은

이 수첩 덕분이었다.

후손들에게도 이 가치를 알려주고 싶다.

　프랭클린의 13가지 덕목은 바로 절제, 침묵, 질서, 결단, 절약, 근면, 진실, 정의, 중용, 청결, 침착, 순결, 그리고 겸손입니다. 실제로 이 13가지 덕목을 매일 체크하고 실천하기란 결코 쉽지 않습니다. 그러나 13가지 중 하나씩이라도 인생에 대입하여 실천하고 적용하려 노력한다면 그보다 올바른 삶은 없으리라 생각합니다. 먼 훗날 삶을 후회 없이 살았냐고 누군가 묻는다면, 그 질문 앞에서 부끄러움은 훨씬 더 줄어들 수 있지 않을까요?

　인생에서 시간 관리를 잘하고 싶다면, 그리고 삶을 더 알차게 보내고 싶다면 프랭클린의 중요한 원칙을 한번 되짚어보는 것도 좋겠습니다.

1. 자신만의 지배 가치를 정하고, 이를 장기 목표로, 중간 목표로, 또 일일 업무로 세분화하라.

2. 일의 우선순위를 정하고 중요한 일과 급한 일을 구분하여 일의 처리 순서를 정하라.

삶이란 시간이라는 자원 그 자체입니다. 어떤 삶을 살 것인가라는 가장 중요한 문제에도 시간을 어떻게 활용해야 하는 하는가가 밑바탕이 되어 있지요.

예를 들어 인생 가치를 '신뢰를 잃지 않기'라고 정했다고 하면 우리는 그 가치를 이루기 위한 장기 목표를 세우게 될 것입니다. 부모, 친구, 동료, 거래처를 막론하고 신뢰를 쌓기 위해 노력하겠지요. 그리고 세부 계획을 세워 실천해보는 겁니다. 부모님께 매일 연락 드리기, 친구들에게 생일 축하 보내기, 회사 동료 업무 돕기, 거래처와의 미팅에 10분 전에 참석하기 등등. 그리고 이 사항들을 매일 돌아보고 실천하다 보면 전과는 전혀 다른 삶이 되어 있을 것입니다.

인생에서 가장 후회되는 게 뭐냐고 묻는다면

"인생을 사랑한다면 시간을 낭비하지 마라.
인생은 시간 그 자체이기 때문이다."

우리는 우리의 인생을 사랑해야 합니다. 남을 사랑하고 이해하려는 고민을 많이 하지만 정작 나를 위한 사랑과 이해에 시간을 쓰려 하지 않습니다. 나이가 들어 무언가를 더 열정적으로 배우고 더 간절해지는 이들은 이 삶의 시간이 얼마나 소중하고 간절한지 더 잘 알기 때문일 것입니다. 그러나 그 밑바탕에는 예전의 시간에 대한 후회도 섞여 있겠지요. 조금이라도 후회를 줄이고 싶다면, 삶의 가치를 높이고 싶다면 무엇과도 바꿀 수 없는 시간을 소중히 대하면 좋겠습니다.

지금도 그 시간은 흘러가고 있습니다. 어떻게 살겠습니까? 시간이 없습니다. 지금 바로 실천한다면 시간은 내 편이 되어 돌아올 것입니다.

길이란 걸어가면서
만들어지는 것입니다

시간이 흘러갈수록 세상이 더 혼탁해지고 혼란스러워지고 있습니다. 모든 것이 빠르게 변하고 쉽게 따라가기 힘든 세상이지요. 이럴 때일수록 시류에 휩쓸리지 않고 주체적으로 행복을 추구하는 자세가 더욱 중요합니다. 기원전 4세기, 어쩌면 지금보다 더욱 혼란한 춘추전국시대에 보기 드물었던 철학자 장자처럼 말입니다.

최고의 자유인이라고 할 수 있는 대표적인 도가 철학자 장자는 기록에 따르면 기원전 360년경에서 280년경 송나라에서 살았고, 명석하기로 유명했지만 부와 명예에 대한 욕심이 없고 가난했다고 합니다. 초나라 왕이 소문을 듣고 그에게 재상이 되어달라고 부탁했지만, "진흙탕에 뒹굴어도 계속 자유롭게 살고 싶다"라며 단칼에 거절한 일화로도 유명하지요.

이처럼 자유를 추구한 장자는 비극적인 현실에서 비켜난 삶을 살았습니다. 당시 송나라는 약소국이자 전쟁의 중심지였고, 강대국 간 전쟁 때문에 백성들은 굴욕적인 생활을 해야 했습니다. 자연을 벗 삼아 은둔하기를 택한 그는 자신이 깨달은 지혜를 이해하기 쉬운 우화로 설파했지요. 평생 10만여 자의 글을 썼다고 알려지는 그의 이야기는 오늘날까지 전해지는데, 이를 통해 우리는 진정으로 자유로운 정신에 대해 깊이 생각해볼 수 있습니다.

"쓸모 없는 것의 쓰임을 아는 사람이 없다"

무용지용이라는 고사성어가 있습니다. '언뜻 보기에는 쓸모없는 게 실은 유용하다'라는 뜻으로, 장자에게서 유래한 말입니다. 인생을 살면서 늘 도전하고 무언가를 배우라고 아우성치는 세상에서 함부로 도전하지 않는 자세를 의미하기도 하지요.

어느 날 장자는 산길을 가다가 탐스러운 나무를 발견합니다. 옆에 있던 나무꾼이 베지 않길래 그 까닭을 물어보니, '아무짝에도 소용없는 나무'이기 때문이라고 답하지요. 반대로 사람들이 옻칠에 필요하기 때문에 거침없이 옻나무를 베는 광경을 본 장자는, 쓸모가 없어야 타고난 수명을 다할 수 있다는 역설적인 진리를 깨닫습니다.

스스로 '쓸모 없기'를 택한 그는 말단 관리직을 그만둔 뒤 틈틈이 농사를 짓는 등 소소한 노동만 하고 지냈지요. 지식과 통찰력을 살려서 벼슬을 지냈다면 정치판에서 지치고, 위험에 처할 수도 있다고 예측했기 때문입니다.

이러한 장자의 생각은 무조건 큰 회사, 무조건 높은 학력, 무조건 많은 재산 등을 추구하며 자신의 유능함과 존재감을 증명하고자 허덕이는 현대인에게 생각할 거리를 던집니다. 우리는 그러한 과정에서 너무 열심히 달리느라 본래 모습을 잃고, 방향도 잃고, 숨이 가빠질 수도 있지요. 함부로 세상의 인정을 추구하며 도전하지 않는 것, 능력을 아끼고 삼가며 내보이지 않는 자세. 이야말로 진짜 나 자신을 아끼고 내 인생을 존중하는 태도일지도 모릅니다.

> ### "어떤 일이 일어나도 물처럼 흘러가라
> ### 그리고 그를 통해 마음을 자유롭게 하라"

또한 우리는 수많은 타인의 시선에 기대어 삽니다. 대부분 사람들이 세상을 떠나는 마지막 순간 삶을 돌아보며, 조금 더 눈치 보지 말고 나의 길을 걸었더라면 어땠을까 후회하곤 하지요. 아마도 장자의 삶을 엿보고 배웠다면 우리 삶과 정신은 더 여유로운 여백을 갖추게 되었을 것입니다. 사람들은 누추한 장자를 두고 업신여겼으나 자신만의 철학이 확고한 그는 개의치 않았습니다. 유명한 '대붕 이야기'에서 소요유, 즉 어떤 관념에도 얽매이지 않는 자유로운 정신에 이르려는 그의 큰 뜻을 짐작할 수 있지요.

옛날 북쪽 바다에 살던 '곤'이라는 물고기가 '대붕'이라는 새로 변합니다. 크기가 수천 리에 달할 정도로 커서 한번 날아오르면 날개가 거대한 구름 같았지요. 대붕은 9만 리 높이 치솟아 3천 리나 되는 파도를 일으키며 6개월 동안 남명으로 날아가는데, 이때 땅에서 매미와 비둘기가 비웃으며 말합니다. "대체 무엇 때문에 저리 높이 솟아올라 먼 길을 가는가?" 장자는 날짐승들이 대붕의 비상을 어찌 이해할 수 있겠냐며 안타까워합니다.

여기서 현실을 초월해 하늘을 훨훨 나는 대붕은 장자 자신을 투영한 것이라 짐작됩니다. 날짐승은 속박된 줄도 모른 채 일상에 매몰되어 살아가는 이들을 뜻하지요. 스스로 한계를 자각하고, 적극적인 의지로 힘차게 도약할 때 비로소 꿈꾸던 경지에 가 닿을 수 있는데 말입니다.

무모하더라도 이상을 향해 날갯짓할 것인가, 아니면 답답하더라도 현실적인 일상에 만족할 것인가? 장자는 우리에게 인생의 커다란 화두를 고요히 제시합니다. 남들이 조롱하더라도 속세를 초탈해 절대적인 자유를 꿈꾸는 모습은 어떤 대리만족과도 같은 쾌감을 안겨줍니다.

"도의 관점에서 보면 만물을 다시, 새롭게 볼 수 있다"

장자에게 흔히 판단의 중요한 잣대가 되는 기준은 의미가 없었습니다. 이도관지, 즉 자신이 아닌 도의 관점에서 보면 만물이 달리 보였겠지요. 그의 이러한 관점에는 현실을 예리하게 관찰해 얻은 지혜가 녹아들어 있습니다.

하루는 장자의 아내가 죽었다는 소식을 듣고 친구 혜자가 문상을 갑니다. 그런데 슬퍼하긴커녕 신나게 노래까지 부르고 있는 장자. 혜자가 나무라자 그는 처음에는 슬펐지만 생각해보니 그렇지 않다고 대꾸합니다. 본래 없었다가 생겨난 생명이 죽음으로 달라졌을 뿐, 이는 사계절이 바뀌듯 세상의 순리인데, 슬퍼서 우는 건 어리석은 분별심에서 기인한다는 것이지요. 나아가 사실상 만물은 변화하기에 구별이 무의미하며,

근원인 '도'의 관점에서 보면 결국 다 하나라고 주장합니다.

그의 말에 따르면 우리처럼 돈이 많고 적고, 외모가 아름답고 추한 걸 구분한 뒤 원하는 바를 추구하는 태도 역시 덧없을 뿐입니다. 장자처럼 욕심을 내려두고, 자연적인 본성에 따라 천천히 즐기며 살아가면 어떨까요? 이 세상에 놀러 온 것처럼 말이지요.

장자는 일견 터무니없는 생각을 지닌 사람처럼 보이기도 합니다. 우리가 당연하다고 믿었던 상식적이고 세속적인 가치를 깨부수니까요. 그러나 그러한 가치에 길들여지지 않은 채 자유를 말하기에 더욱 자유롭고 즐거우면서도 심오한 장자의 삶과 사상. 속도와 욕망에 쫓겨 자기 자신과 자유마저 잃어가는 지금 우리가 깊이 들여다보아야 할 화두입니다. 타인의 시선과 속박에서 스스로 벗어난 자유로운 삶. 우리를 정신적으로 충만한 행복으로 인도해줄 방향성이 삶에 절실한 순간입니다.

인생에서 가장 후회되는 게 뭐냐고 묻는다면

나 자신의 배움과
나의 인생에만 집중하세요

"학이시습지 불역열호(學而時習之 不亦說乎)"
배우고 배운 것을 때때로 익히면 또한 기쁘지 아니한가?

《논어》를 펼치면 나오는 첫 문장입니다. 논어를 읽어보지 않은 사람이라도 한번쯤은 들어보았을 정도로 유명한 문장이지요. 살아갈수록 더욱 와닿는 문장이기도 합니다. 나이가 들면서 시간은 짧고 배울 것은 왜 이렇게 늘어나는 것일까요? 때를 맞추어 배우지 못한 후회도 남지만, 너무나 급변하는 시대에

서 그 때를 잘 맞추지 못하더라도 무언가를 배울 수 있는 의지
와 체력과 시간이 있다는 사실이 기뻐질 지경이니까요.

공자를 모르는 사람은 거의 없을 것입니다. 그는 춘추시대
유학자로 노나라에서 태어나 자랐습니다. 그의 인생을 짧게
살펴보자면, 공자는 평범한 집안에서 태어났고 이후 노나라
에서 중도제를 지냈습니다. 지금으로 말하면 서울시장 정도일
것입니다. 이후 법무부장관 격인 대사구의 벼슬까지 받았고
이후 실각합니다. 자신의 이상이 노나라에서 실현될 수 없음
을 깨닫고 중국 천하를 돌며 뜻이 맞는 군주를 찾았지만 결국
찾지 못하고 노나라로 귀국하지요. 그 뒤로도 국로의 대접을
받았으나 등용되지 못하고, 제자를 양성하고 고문헌을 정리하
다 생을 마감했다고 알려져 있습니다.

독특하게도 공자는 3000명에 육박하는 제자들을 양성하고
중국 전국시대의 엄청난 인재풀을 만들었다고 합니다. 공자의
가르침을 제대로 전수받은 72명의 제자 가운데 뛰어난 10명
을 공문십철이라고 하지요. 공자도 유명했지만 그의 제자들 또

한 배움이 깊고 대단했기에 공자의 업적이 가치를 더했겠지요.

앞서 설명한 《논어》는 공자와 제자들의 어록을 겸은 경전입니다. 공자가 세상을 떠난 후 제자들이 공자의 언행을 모아서 펴낸 책이라 알려져 있지요. 공자는 전해져 내려온 것을 정리했을 뿐 스스로 만든 책 같은 것은 없다고 말했기 때문에, 《논어》 역시 공자가 쓴 글이라고는 단정지을 수는 없을지도 모릅니다.

그러나 관련된 사실 여부는 뒤로하더라도 역사적인 관점에서 다양하게 해석할 부분이 많고, 사람에 대해 고민하고 공부했던 공자가 사람다움, 사람의 따뜻한 마음인 인(仁)'을 제시하며 사람에 대해 더 깊이 생각하도록 이끌었기에 《논어》는 그 가치를 더합니다.

공자에게 '인'만큼 중요한 것은 없습니다. 다섯 가지 기본 덕목인 공경과 아량, 신의, 민첩함, 친절을 삶에서 실천하려 애쓴 그에게 '인'이란 개인을 넘어 사회 통치의 근간으로 발전시킬 정도로 큰 영향을 미쳤습니다.

생각해보면 친절을 베푸는 것은 어렵지도 않거니와 친절을 베풀어서 해가 된 적은 거의 없었던 듯합니다. 친절한 눈인사가 상대의 마음을 여는 계기가 되고 친절한 배려가 감동을 주기 때문입니다. 친절은 전염된다고 했지요. 누군가에게서 친절을 받으면 나 또한 친절을 나눠야 하는 빚을 지는 셈인 듯합니다. 그러므로 세상이 조금은 더 밝고 더 선하게 나아갈 수 있는 것이기도 하겠지요. 인간에 대해 돌아보고 다시 성찰하며 또 돌아보게 만드는 공자의 사상은 오늘에도 삶에 대한 우리 자세를 바로 고치게 합니다. 《논어》를 조금 더 들여다보면, 첫머리에 언급한 '학이시습지 불역열호'에 이어지는 두 문장 역시 인생을 통찰하는 문구입니다.

"유붕자원방래 불역락호(有朋自遠方來, 不亦樂乎),
인부지이불온 불역군자호(人不知而不慍 不亦君子乎)."

벗이 먼 곳에서 온다면 그 배움을 나눌 수 있는 친구라면 이 또한 기쁘지 아니한가.

남이 나를 알아주지 않아도 개의치 않는다면 이 사람이야 말로 군자가 아니겠는가.

이 문장들을 가만히 들여다 보면 왠지 나이가 들수록 더 공감이 가고 마음속에 깊숙한 울림을 남기는 글로 다가옵니다.

인터넷과 SNS, 유튜브등 다양한 사회 관계망을 형성하는 플랫폼이 새로 등장할 때마다 우리는 느낍니다. 배울 것은 끝이 없고 나이가 들면서 친구는 줄어가고 자꾸 타인의 시선에 신경을 쓰는 자신을 발견하게 되지요. 타인의 시선으로 나의 인생을 평가받는 시대입니다. 그렇기에 이 논어의 세 구절이 더 깊이 다가오는지도 모르겠습니다.

물론 인간은 스스로 인정받고 싶어하고 타인에게 보이는 나의 모습을 신경쓸 수 밖에 없음을 압니다. 그러나 그것이 인생의 목표가 되어서는 안 되겠지요. 끊임없이 타인과 나를 비교하고 괴로워하고 타인의 인정을 갈망하며 나만의 소중한 시간을 허투루 쓰고 있지 않은지 고민해보아야 할 시점입니다. 타인의 판단에 연연하며 그 시선에 맞춰 살아간다면, 소중한 나의 인생과 나의 시간이 너무나 허무하고 아쉽지 않을까요?

《논어》는 짧고도 짧은 인생길에서 우리에게 삶의 방향성을 다시 한번 제시하며 울림을 남기고 또 전하고 있습니다.

인생에서 가장 후회되는 게 뭐냐고 묻는다면

산다는 것은 행동하는 것이고
우리는 행복해야 할 권리가 있습니다

"산다는 것은 숨을 쉬는 것이 아니라
행동하는 것이다."

위의 명언을 남긴 유명한 철학자가 있습니다. 바로 장 자크 루소입니다. 18세기 프랑스의 철학자인 그는 스위스 제네바 공화국에서 태어난 지 9일 만에 어머니를 잃고 열 살에 아버지와 헤어지게 됩니다. 열여섯 살 때부터 고향인 제네바를 떠나 유럽을 떠돌았지요. 그 과정에 만난 바랑 부인은 후원자이자 연인으로서 루소의 지적 성장을 도와 그의 사상에 커다란 영향을 미쳤습니다. 정규교육을 받지 않은 루소가 이렇게까지 큰 업적을 남길 수 있었던 까닭은 바랑부인이 있었기에 가능했다고 해도 과언이 아닐 정도이니까요. 그는 어느 책에서 바랑 부인을 회상하면서, "재기 넘치고 친절한 한 매력적인 여인이 고맙게도 아주 다정한 감정으로 내게 영감을 불어넣어 주었다"라고 남기기도 했습니다.

그의 이력에는 특별한 점이 또 있습니다. 바로 음악이지요. 철학가뿐만 아니라 소설가, 교육이론가, 극작가, 음악가로 활동한 그는 1732년부터 1740년까지 음악에 몰두했습니다. 1742년 새로운 악보 표기법을 정리했고 이후 프랑스로 가 표기법을 발표했지만 성공은 거두지 못했습니다. 하지만 "산다는 건 행동하는 것"이라는 그의 말처럼 끊임없이 행동하고 정진하여 1749년, 그의 〈학문 및 예술론〉이 프랑스 아카데미의 학술 공모전에 1등으로 당선되어 명성을 떨치게 됩니다. 더불어 1761년에 발표한 연애소설 《신 엘로이즈》로 엄청난 성공을 거두었는데, 이 소설은 18세기 유럽에서 가장 많이 팔린 소설로 기록됩니다. 이로 인해 전 유럽의 소설이 고전주의에서 낭만주의로 바뀌었다는 말이 나올 정도였지요. 괴테 또한 영향을 받았다고 하니 낭만주의 문학의 서문을 열었다는 말은 과장이 아니었을 것입니다.

물론 그의 인생은 순탄하지만은 않았습니다. 연인 테레즈가 낳은 5명의 아이를 모두 고아원에 보내면서 그는 비난받아 마땅했지요. 문제적 저서《에밀》과《사회계약론》으로 인해 당대 종교계와 등을 돌리게 되었고 프랑스 정부에서 체포 명령까지 내리는 바람에 쫓기는 신세가 되기도 했습니다. 훗날 그의 민권 사상이 프랑스 혁명의 사상적 지주가 되고 다른 혁명가들에게도 영향을 미치며 그가 근현대 민주주의 발전에 기여한 공로는 거대했으나, 당대의 루소는 엄청난 업적은 뒤로한 채 힘 없는 노인이 될 수밖에 없습니다. 결국 그런 루소를 국가는 가만히 내버려둡니다.

모든 명예를 잃은 루소는 그 후로 편한 마음으로 삶을 즐기게 되는데, 그때 쓴《고독한 산책자의 몽상》이 많은 이에게 큰 영감을 주었습니다. 그 책에는 행복에 대한 글이 나옵니다.

"영혼이 온전히 쉴 수 있으며 과거를 돌아볼 필요도 없고, 미래에 신경 쓸 필요도 없이 스스로 온 존재를 모아 집중할 수 있을 만큼 충분히 견고한 토대를 발견할 수 있는 상태라면, 현재가 그 지속성을 드러내지 않고 연속되고 있다는 흔적도 없이, 또한 우리가 존재한다는 느낌 말고는 그 어떤 결핍이나 향유, 기쁨이나 고통, 욕망이나 두려움의 느낌도 없이 영원히 지속되는 상태라면, 그리고 그런 느낌만이 영혼을 온전히 가득 채울 수 있는 상태라면, 그런 상태에 있는 사람은 그것이 지속되는 한 행복한 사람이라고 할 수 있을 것이다."

행동으로 인해 인생의 정점을 맛보았고 온갖 고초를 다 겪은 뒤 인생의 말로에서 쓴 책에서 그는 비로소 진정한 행복에 대해 깨달은 듯합니다. 정리하자면 행복이란 온전히 자신의 현재를 이해하고 받아들이며 지금도 충분하다는 만족을 깨닫는 것이 아닐지 생각해봅니다. 존재만으로도 나는 충분하고 존재만으로도 나는 살아갈 가치가 있다고 강조한 루소는 그래서 지금의 우리에게도 큰 울림을 던지는 것이 아닐까요.

그의 마지막 작품이 된 이 책에서 그는 솔직하고 진솔한 고백과 더불어, 스스로의 내면을 중시하고 자연으로 돌아갈 수밖에 없는 자연 회귀를 이야기합니다. 그리고 이 책은 19세기 프랑스 낭만주의 작가들과 전세계 수많은 작가들에게 지대한 영향을 남기게 됩니다.

> "가장 오래 산 사람은 가장 장수한 사람이 아니라
> 인생을 가장 많이 느낀 사람이다."

《에밀》에 그가 쓴 문장입니다. 이를 통해 우리 인생이란, 그저 살아지는 대로 오래 사는 것이 아니라 인생을 가장 많이 느끼고 경험하고 새로운 세상을 만나보는 것이 더 중요하다는 것을 깨달을 수 있습니다. 무의미하게 흘러가는 인생은 재미가 없고 스스로의 가치를 폄하하는 것과 마찬가지일 뿐입니다. 100년을 살아도 인생에서 느낀 바가 없다면 무슨 소용이 있겠습니까. 아직도 인생의 의미를 찾지 못했다면 오늘부터라도 더 많이 느끼고 더 많이 경험해보며, 더 긴 인생이 아닌 더 많은 인생을 살아가길 바랍니다. 그저 오래 사는 삶이 아니라 가장 많이 산 사람. 인생에서 많은 것을 배우고 느끼는 사람이 되어봅시다. 루소의 말처럼 오래 사는 것이 중요하지 않으니까요. 그 말은 아직, 우리는 늦지 않았다는 뜻입니다.

세상에서 가장 유명하지만
아무도 모르는 예술가가 있습니다

미술계를 뒤흔든 2018년 영국 소더비 경매 현장, 세계적인 그래피티 아티스트 뱅크시의 대표작 〈풍선과 소녀〉를 두고 팽팽한 긴장감이 감돕니다. 치열한 경쟁 끝에 결정된 낙찰가는 우리 돈으로 약 15억 원인 104만 파운드. 그런데 낙찰 후 사람들이 손뼉을 치는 순간, 놀랍게도 액자 속 작품이 갈기갈기 찢깁니다.

SNS에서도 회자되는 피카소의 유명한 말, "파괴의 욕구 또한 창조의 욕구다(The urge to destroy is also a creative urge)"

를 인용한 뱅크시는 자신이 직접 액자에 파쇄기를 설치했음을
밝혔지요. 부자들이 모여서 돈으로 예술을 구매하는 경매가
덧없음을 정면으로 비판하는 이 희대의 퍼포먼스는 그를 더욱
유명하게 만들었고, 아이러니하게도 찢긴 작품은 훨씬 가치가
뛴 약 300억 원, 1860만 파운드에 낙찰됩니다.

"우리는 '뱅크시' 당했다"

기이한 행보를 보이는 '예술 테러리스트' 뱅크시는 세계적
인 미술관, 박물관에 잠입해 본인 작품을 몰래 거는 것으로도
유명합니다. 한번은 뱅크시가 대영박물관에 잠입해 쇼핑하는
원시인이 그려진 돌을 진열하고 도망갔지요. 재미있는 건 그
가 자백하기 전까지 아무도 이상하다는 사실을 알지 못했지
요. 예술의 권위에 대한 공격, 그리고 예술품을 제대로 감상하
지 않는 이들을 겨냥한 대담한 퍼포먼스로 큰 인기를 구가하
지만, 얼굴과 본명을 숨긴 채 활동하는 뱅크시는 여전히 미스
터리한 예술가입니다.

"속이는 일을 잘 하게 되면 다른 것은 못 해도 된다."

뱅크시는 영국의 1974년생 백인 남성으로 알려져 있습니다. 10대 때 학업을 중단하고 브리스톨 시에서 그래피티를 그리기 시작했다고 합니다. 1970년 전후는 뉴욕을 중심으로 등장한 현대 그래피티가 미국의 전 도시로, 유럽으로 번지던 시기였습니다. 뱅크시를 포함한 청소년과 흑인들은 거리의 벽, 경기장, 지하철 등 보이는 곳마다 스프레이로 그림을 그렸고, 이는 정부의 골칫거리였지요. 강력한 단속에도 불구하고 뱅크시는 전 세계 벽을 캔버스로 삼아 예술 세계를 펼쳤습니다.

감상하기 위해 입장료를 낼 필요가 없는 그래피티가 본연에 충실한 '정직한 예술'이라고 여긴 뱅크시. 그의 작업 속 단골 소재는 바로 '쥐'였습니다. 톱을 사용하고, 박격포를 쏘며 전쟁하는 등 다양한 행동을 하는 쥐가 자주 등장하곤 했지요. 주로 어두울 때 쉬쉬하며 돌아다니는 쥐는 끈질긴 생명력을 상징하고, 이는 자신을 단속하는 정부에 대한 저항의 뜻을 담고 있지요. 쥐를 뜻하는 'Rat' 속에서 '예술'(Art)을 발견할 수 있듯이 저항 속에서 예술이 널리 퍼진다는 의미도 들어있지요.

그래피티로 예술혼을 마음껏 펼친 뱅크시는 나아가 세상을 더 나은 방향으로 변화시키고자 했습니다. 특유의 풍자와 시선을 담아 갖가지 문제를 짚어낸 그의 작품은 많은 이들에게 영감을 주지요. 유명한 작품 〈꽃을 던지는 남자〉(2003)에서 화염병이 아닌 꽃을 던지는 남자가 나오고, 〈네이팜〉(2004)에서는 베트남 전쟁으로 우는 소녀의 팔을 잡고 행진하는 미국 자본의 상징, 미키 마우스와 로날드 맥도날드가 등장합니다. 여기서 전쟁과 폭력에 대한 저항을 엿볼 수 있지요. 또 피크닉을 즐기는 백인 주위에 굶주린 아프리카 사람들을 배치한 〈아프리카에서의 피크닉〉(2006)으로 자본주의 체제의 부조리함을 드러내고, 창과 도끼로 쇼핑 카트를 공격하는 〈사냥〉(2006)을 통해 현대물질문명을 비판적으로 다루고 있지요. 깊은 메시지를 창의적이고 직설적으로 표현한 그의 작품은 언제나 큰 반향을 일으킵니다.

그러다 뱅크시가 세계적인 명성을 얻게 된 작업이 있습니다.

그는 2005년, 이스라엘이 팔레스타인과의 국경에 설치한 콘크리트 장벽에 그림을 그리는 획기적인 프로젝트를 추진합니다. 이스라엘 군인들이 총구를 겨누는데도 700km 길이의 벽에 천국의 이미지 등 총 9점의 작품을 남기지요. 단절의 벽 일대를 예술이 어우러지는 축제의 장으로 만들고 싶었던 그는 이를 통해 사회 문제에 누구보다 진지하게 발언하는 예술가로 명성을 떨칩니다.

"나는 민주주의 사회에서 더는 누구도 믿지 않는
자유, 평화, 정의 같은 것들을
익명으로 부르짖을 정도의 배짱은 가지고 있다."

유명세에도 악동 같은 모습은 여전합니다. 2013년, 그는 길거리에서 재미난 실험을 하지요. 가판대를 세운 뒤 한 노인을 판매원으로 두고, 자신의 서명이 담긴 원작들을 한 장에 60달러로 내놓습니다. 전시관에 걸린다면 수만달러에 팔릴 그림들이 헐값임에도 인기가 없어서 하루종일 겨우 8점을 팔 수 있었지요. 예술을 즐기는 관객의 허영심을 꼬집는 이 실험은 우리에게 질문을 던집니다. 작품의 본연적인 가치가 아닌 광고, 전시관이라는 포장이 예술을 예술로 만드는 게 아닐지에 대해서요.

뱅크시가 세상에 던지는 메시지는 계속됩니다. 2017년엔 팔레스타인 베들레헴에 '월드 오프 호텔'을 개업해서 화제가 됐지요. 이스라엘군이 팔레스타인 시위대가 접근하지 못하도록 설치한 분리 장벽을 마주 보는 이 호텔 객실은 칙칙한 전망을 자랑하며, 햇볕이 드는 시간은 하루 중 고작 25분 남짓입니다. 투숙객들은 미사일과 폭발음까지 듣는 등 적나라한 참상을 경험해 자연스레 분쟁 속 아픔에 공감하게 되지요. 이처럼 명성을 이용해 창의적으로 세계 평화를 외치는 그를 두고 전 세계가 열광하는 건 당연한 일인지도 모르겠습니다.

2019년, 미켈란젤로를 제치고 영국인이 가장 사랑하는 예술가 1위에 오르기까지 한 뱅크시는 사실상 정규 교육도 제대로 받지 못한 거리 예술가입니다. 그는 우리에게 말해주고 있습니다. 자신의 뜻을 널리 알리기 위해 필요한 것은 더 나은 스펙이 아니라 강렬한 창조성, 어떠한 상황에도 주눅들지 않는 자신감, 사람들이 공감하는 선한 메시지라는 진실을.

그 누구도 아닌,
당신이 되고 싶은 사람이 되세요

영화에 관심 없는 사람까지 모두 아는 영화 캐릭터가 있습니다. 교과서를 달달 외우는 성실함, 1등을 놓치지 않는 똑똑함, 목숨 걸고 고난을 이겨내는 강인함까지 갖춘 〈해리포터〉 시리즈 속 헤르미온느입니다. 이 역할로 큰 인기를 누리는 데 만족하지 않고 이를 바탕으로 어떻게 선한 영향력을 끼칠 수 있을지 고민하는 배우, 마치 헤르미온느가 그대로 성장한 것처럼 당차고 소신 있는 행보를 보여주는 엠마 왓슨입니다.

"당신이 믿는 것에 전념한다면
놀라운 일이 생길 거예요."

1990년 프랑스 파리에서 태어나 영국으로 이주한 엠마 왓슨은 떡잎부터 남달랐습니다. 어릴 때부터 배우가 되고 싶었던 그는 본격적인 연기 경험이 없었지만 9살 때 8번의 오디션 끝에 헤르미온느 역으로 캐스팅 되지요. 그리고 우리가 아는 것처럼 역할을 똑부러지게 해내서 10대 스타로 부상합니다. 따라하고 싶은 세련된 스타일로도 인기를 끈 그는 다른 소녀들과 비슷하게 패션에 무척 관심이 많았습니다.

그러다 왓슨 스스로 패션에 대한 고민이 깊어진 계기가 있습니다. 어느 날 우연히 거대한 패션 산업의 문제를 알게 되고, 뒤통수를 세게 맞은 듯한 충격을 느끼게 되지요. H&M과 자라 같은 패스트 패션이 거리를 점령하던 시절, 사람들은 1달러 원피스와 3달러 셔츠 등 저렴한 옷에 환호하는데, 여기엔 큰 부작용이 따랐습니다. 한달에 10달러도 받지 못하는 개발도상국 노동자들, 빠르게 공장에서 옷을 찍어내기 위해 강한 화학비료로 목화를 키워서 암에 걸리는 농부들, 쓰레기로 버려져 산더미를 이루는 옷들, 완전히 분해되는 데 200년까지 걸리는 합성섬유 폴리에스터 등 여러 문제가 복잡하게 얽혀 있었지요.

왓슨은 막막함을 느꼈지만, 자신의 인기를 활용해 문제를 고치는 데 일조하기로 합니다. 그 시작은 바로 공정무역을 고집하는 패션 브랜드 '피플트리'와 콜라보한 것이지요. 2011년, 대학에 가기 전 돈을 받지 않은 채 디자이너로 일하며 100% 유기농 소재로 만든 의류 컬렉션을 선보이고, 모델로 활동하기도 하지요. 명품 옷을 입을 때보다 훨씬 큰 만족감을 느낀 왓슨은 앞으로도 옳다고 생각하는 신념을 실천하는 삶을 살기로 다짐합니다.

대학을 다니며 더욱 성숙해진 왓슨은 졸업 후 예전에 결심했던 것처럼 '지속 가능한 패션'을 추구합니다. 2015년부턴 시상식에서 친환경적으로 만들어진 의상을 입거나, 입었던 걸 다시 꺼내 입는 '그린 카펫 챌린지'에 참여하지요. 이 챌린지는 모두가 주목하는 시상식에서 '옷을 낭비하지 말자'는 메시지를 널리 알리자는 취지를 담고 있었습니다. 왓슨은 플라스틱을 재활용한 드레스, 웨딩드레스 10벌을 재활용해 만든 드레스를 입습니다.

"저는 예뻐 보이고 싶어요. 기분 좋고 싶어요.
좋은 일을 하고 싶어요. 그게 저에게는 사치입니다."

〈미녀와 야수〉 기자간담회에서 비건 슈즈를 신는 등 꾸준히 소신 있는 행보를 보인 왓슨은 2017년 인스타그램 계정 '프레스 투어'를 직접 만들기까지 합니다. 100% 유기농 실크로 만든 드레스, 재활용된 금으로 만든 귀걸이 등 친환경적인 패션 제품을 그가 직접 착용한 뒤 찍어서 올리는 계정이지요. 포스팅 하나당 '좋아요' 5만 개는 기본으로 찍히는 성과를 낳으며 대중에게 윤리적인 브랜드와 디자이너를 톡톡히 홍보한 왓슨은 자신의 영향력을 누구보다 잘 활용하는 스타입니다.

2020년엔 왓슨이 구찌, 생로랑 등을 소유한 세계적인 명품 기업 케링의 비상임이사와 사내 지속가능성위원회 위원장을 동시에 맡아 화제가 됐습니다. 케링에선 왓슨이 그동안 적극적으로 지속 가능한 패션을 추구해온 것을 높이 평가했지요. 케링은 그동안 환경에 무관심하다는 비판을 받았지만, 이제는 왓슨과 함께 환경 발자국을 줄이는 데 몰두하는 중입니다.

10년 넘게 패션 산업의 문제를 고치고자 앞장선 왓슨은 우리에게 전합니다. 삶에서 무엇보다 중요한 건 바로 굳건한 신념, 그리고 이를 우직하게 실천하는 태도라는 것임을요. 결코 쉽지는 않겠지만, 이를 잊지 않고 살아갈 때 우리도 왓슨처럼 오랫동안 반짝일 수 있을 겁니다.

"나는 당신이 한발짝 떨어져 '내가 아니면 누가?',
'지금 아니면 언제?'라고 물어보길 원한다"

누구라도 매일 조금씩은
세상을 바꿀 수 있습니다

유튜브에서 5백 만에 가까운 조회수를 기록한 영상이 있습니다. 백발의 노인과 침팬지가 등장하는 영상입니다. 노인은 숲속에서 죽어가던 침팬지를 발견하고 그를 데려가 정성스레 치료한 뒤 보호 구역에 풀어줍니다. 이때 침팬지는 이동식 우리에서 성큼성큼 걸어 나와 노인을 끌어안지요. 둘은 한참동안 서로의 등을 어루만지며 포옹하고, 마음을 전한 침팬지는 숲에서 유유히 사라집니다.

이 감동을 주는 영상 속 침팬지의 사랑을 듬뿍 받은 노인의 정체, 바로 세계적인 동물학자 제인 구달입니다. 1934년, 영국 런던에서 태어난 제인은 어릴 적부터 유독 동물을 좋아했습니다. 하루는 닭이 어떻게 달걀을 낳는지 궁금해 어른들에게 물어봤지만 아무도 제대로 알려주지 않았지요. 그래서 직접 알아보기로 하고, 닭장에 가려는 닭을 쫓아갑니다. 놀란 닭은 물론 도망가지요. 그러나 제인은 굴하지 않고 닭장에 먼저 들어가 닭이 오기를 기다렸지요. 한참 기다린 끝에 닭이 짚더미에서 몸을 일으킨 뒤 다리 사이로 둥글고 하얀 알을 낳는 모습을 본 제인은 신나서 집으로 달려갑니다. 그런 제인을 보고 놀란 엄마는 지금 막 경찰에 신고하려던 참이었다고 말했지요. 무아지경 닭을 관찰하다 보니 4시간이 훌쩍 지나간 겁니다.

제인은 고등학교를 졸업하고 좋아하는 동물을 실컷 연구하고 싶었지만 이를 통해 돈을 벌 방도가 떠오르지 않았습니다. 생계를 위해 엄마의 추천대로 비서 자격증을 딴 뒤 사무직으로 일하지요. 병원, 대학 등 계속 회사에 다녔지만 단순히 시간을 때우는 생계 활동이라고 생각했고, 일에서 큰 의미를 찾지 못했습니다. 쳇바퀴 같은 하루를 반복하며 동물의 왕국 아프리카로 훌쩍 떠나 동물을 연구하기를 막연히 꿈꿨지요.

그러던 어느 날, 제인에게 정말로 아프리카에 갈 기회가 생깁니다. 케냐로 이주한 친구가 아프리카로 오지 않겠냐며 그를 초대한 것입니다. 빠르게 여비를 모아서 1957년, 설레는 마음으로 떠난 제인은 아프리카에서 케냐 국립 자연사 박물관 관장이자 고생물학자인 루이스 리키 박사를 만납니다. 제인의 가능성을 알아본 그는 제인을 비서 겸 제자로 받아들이지요. 제인은 그의 아래에서 일하며 동물에 대해 많은 것을 배울 수 있었습니다. 죽은 동물보다는 살아 있는 동물을 연구하고 싶었기에 갈증은 해소되지 않았습니다.

이를 알아본 루이스는 제인에게 탄자니아 밀림에서 침팬지의 생활을 연구하는 프로젝트에 참여할 것을 제안합니다. 마치 운명처럼 느낀 제인은 날아갈 듯 기뻤지만, 사람들은 우려하며 말했습니다.

"어떻게 젊은 여자가 그 험한 곳에 가서 침팬지와 지낼 수 있겠어?"

그런데 단 한 사람, 제인의 엄마만은 예외였지요.

"네가 진심으로 원하고, 노력하고, 기회를 붙잡는다면, 무엇보다 절대로 네 꿈을 포기하지 않는다면 길이 있을 거야."

이렇게 진심으로 응원을 건네지요. 관련 학위도 없었지만 용기를 낸 제인은 오로지 꿈을 위해 1960년, 탄자니아 내 침팬지 보호 구역인 곰베 국립공원으로 떠납니다.

그곳에서 제인이 한 연구는 침팬지에 관한 통념을 완전히 뒤흔듭니다. 먼저 제인은 1964년, 관찰을 통해 침팬지가 도구를 사용한다는 것을 발표합니다. 그 이전까지만 해도 사람들은 도구를 사용하는 건 지구상에 오직 인간뿐이라고 생각했지요. 제인은 침팬지가 풀잎이나 나뭇가지를 꺾어 개미굴 속에 넣었다 뺀 뒤, 그 속에 붙은 개미들을 핥아먹는 모습을 보게됩니다. 이를 통해 채식만 한다고 알려진 침팬지가 육식을 한다는 것도 알릴 수 있었지요.

또한 1975년, 침팬지가 동족을 살해한다는 사실을 밝혀냅니다. 보통 우두머리 수컷이 대장을 맡아 무리를 이끌었는데, 다른 무리에 속한 침팬지를 만나면 공격을 가하다가 죽이기까지 했지요. 이전엔 침팬지의 잔인성이 전혀 알려지지 않았던

터라 사람들은 충격에 빠졌습니다. 그 외 침팬지가 질투, 슬픔 등 여러가지 감정을 느끼는 모습도 면밀히 관찰됐습니다.

"침팬지는 우리가 생각한 것보다 훨씬 더 우리 인간을 닮았다"

이 모든 연구 과정이 순조로웠던 건 아닙니다. 침팬지들은 가까이 다가가기만 하면 도망가기 일쑤였으니까요. 제인은 멀리서 지켜보다가 천천히 가까워지는 방식을 택했지요. 90m 가까이 접근하는데 1년이 걸릴 정도로 신중하게 움직였지요. 그러한 제인에게 경계심을 푼 건지, 하루는 침팬지 한 마리가 제인의 텐트로 와서 바나나를 훔쳐 갑니다. 이때다 싶었던 제인은 다음 날도, 그다음 날도 바나나를 차려놓고 기다립니다. 마치 어릴 적 닭장 안에서 닭을 기다릴 때처럼요. 나중에 침팬지는 제인에게서 바나나를 직접 받아먹기까지 했습니다.

제인은 마치 턱에 회색 수염이 달린 것처럼 보이는 그 침팬지에게 '데이비드 그레이 비어드'란 이름을 붙여줍니다. 데이비드를 통해 다른 침팬지들도 경계심을 풀고 제인에게 다가오게 되지요.

"누구라도 매일 조금씩은 세상을 바꿀 수 있습니다"

이처럼 성공적으로 연구에 몰두하며 수십 년 넘게 아프리카에서 동물학자로 살아가던 제인은 1986년, 50대에 들어선 후엔 사회 운동가가 됩니다. 침팬지 실태 조사를 하다가 그 수가 빠르게 줄어드는 데서 문제 의식을 느끼고, 자신의 역할을 고민한 끝에 결정한 것입니다. 여러 나라를 돌아다니며 연구 시설 관계자를 만나 실험용 침팬지의 사육 환경을 개선할 것을 설득하다가, 1991년엔 한발 더 나아가 국제 청소년 환경단체 '뿌리와 새싹'을 설립하지요.

그는 인간과 동물, 자연이 모두 연결돼 있음을 알리고 지금보다 더 나은 삶의 터전을 만드는 데 앞장서고 싶었습니다. 돈을 벌기 위해 나무를 베는 사람들 때문에 밀림이 점차 사라졌고, 이는 침팬지뿐만 아니라 그곳에 사는 사람과 가축, 토지까지 위협하고 있었지요. 뿌리와 새싹 회원들은 나무를 심는 것처럼 환경을 위한 활동을 직접 고안해 실천합니다. 처음엔 15명의 고등학생이 모여 시작했으나 이내 유럽과 미국 등지로 퍼졌고, 현재는 한국을 포함한 100여 개국에서 활발히 진행되고 있습니다.

제인은 말합니다. 우리가 행동을 바꿔야 희망이 생길 것이고, 젊은 세대야말로 세상을 바꿀 힘을 갖고 있다고. 그리고 묻습니다.

"여러분 한 명 한 명은 변화를 가져올 수 있습니다. 선택해야 합니다. 여러분은 인간과 동물을 위해 더 나은 세상을 만들기 위해 노력하면서 살겠습니까?"

침팬지 연구와 보호에 전념해 오늘날 '침팬지의 어머니'로 불리는 제인의 삶은 인간과 동물이 진심으로 교감할 수 있음을 말해줍니다. 세상에 동물을 기르는 사람은 많지만, 동시에 아직은 곳곳에서 유기나 학대가 빈번하지요. 언제나 동물을 하나의 생명체로 존중하는 마음을 잃지 않고, 이를 바탕으로 더 나은 세상을 만들고자 힘쓰기까지 하는 그는 앞으로 우리가 이뤄야 할 비전을 제시하고 있습니다.

삶을 이겨낸 사람들의 인생 문답

"인생을 사랑한다면 시간을 낭비하지 마라. 인생은 시간 그 자체이기 때문이다." -벤저민 프랭클린

"어떤 일이 일어나도 물처럼 흘러가라. 그리고 그를 통해 마음을 자유롭게 하라." -장자

"남이 나를 알아주지 않아도 개의치 않는다면 이 사람이야말로 군자가 아니겠는가." -공자

"산다는 것은 숨을 쉬는 것이 아니라 행동하는 것이다." -장 자크 루소

"나는 더는 누구도 믿지 않는 자유, 평화, 정의 같은 것들을 익명으로 부르짖을 정도의 배짱은 있다." -뱅크시

"당신이 믿는 것에 전념한다면 놀라운 일이 생길 거예요." -엠마 왓슨

"누구라도 매일 조금씩은 세상을 바꿀 수 있습니다." -제인 구달

지금 곁에 있는 사람을 놓치지 마세요
혼자 가는 인생이란 없으니까요

2장

사람을
놓쳤다면

주위를 둘러보세요.
바로 지금, 누가 곁에 있나요?

현대인들 가운데 유튜브를 모르는 이는 없겠지요. 공부, 취미, 예능, 시사, 사회 등 모든 분야에서 우리는 유튜브를 적극 활용하고 있습니다. 오늘도 유튜브 덕분에 시간을 절약하기도 하고 유튜브 탓에 시간을 낭비하기도 합니다. 이렇게 양날의 검인 유튜브이지만 유튜브 때문에 우리 삶이 크게 바뀌었다는 사실은 그 누구도 부인할 수 없겠지요. 그리고 그 유튜브 뒤에는 구글이라는 거대한 기업이 우뚝 서 있습니다.

2001년부터 2011년까지 구글의 최고 경영자였던 에릭 슈미트의 삶에 주목해볼까요? 그는 구글의 최고경영자로 취임한 뒤 구글 창업자인 래리 페이지와 세르게이 브린이 기술과 상품 개발에 더욱 집중할 수 있도록, 효율적인 경영 시스템을 만들고 수익구조를 정교하게 정리한 과업을 해낸 인물입니다. 그가 부임한 뒤 구글은 매년 순이익이 증가했고 혁신적인 기업 문화를 통해 현재 '구글 제국'이 건설되었지요. 구글이 이같은 성공을 가져올 수 있었던 이유는 에릭 슈미트, 그가 구글에 있었기 때문이라고 해도 과언이 아닙니다. 사람에 대한 그의 철학은 우리에게 커다란 울림을 전합니다. 인터넷 시대의 큰 축에 속한 그는 오히려 아날로그를 강조하고 그 부분에 시간을 투자하는 것을 중시합니다. 2009년 펜실베이니아 대학의 졸업 축사에서 에릭 슈미트가 말한 대목에서도 이를 발견할 수 있습니다.

"잠깐만이라도 아날로그에 가까운 삶을 살아보며
무엇이 자신에게 가장 중요한지 찾을 필요가 있다.

컴퓨터와 휴대전화를 끄고
진정으로 우리 곁에 사람들을 발견하라."

지금의 우리에게도 커다란 시사점을 안기는 말입니다. 친한 사이에도 말수가 줄어들고 식사 자리에서까지 각자 핸드폰을 들여다보며 유쾌한 대화가 사라진 오늘을 봅니다. 부모와 자식 사이에서도 서로 각자의 흥미거리를 핸드폰에서 찾느라 바쁘고, 부모도 자식도 서로 무엇에 즐거워하고 무엇을 바라고 무엇을 추구하는지 알지 못합니다. 대화가 사라진 지 오래니까요. 주변에 있는 사람을 발견해야 한다는 그의 말이 오늘날 더 절실하고, 더 귀감이 되는 이유입니다.

구글의 인재 영입 방식을 보면 사람을 얼마나 중시하는지 대해 또 한번 느낄 수 있습니다. 구글에서 면접은 모두에게 가장 중요한 업무입니다. 구글에 지원하는 사람은 적어도 여섯 번의 인터뷰를 거치는데, 함께 일할 팀원부터 본사 직원에 이르기까지, 많은 이들이 인터뷰에 참여한다고 하지요. 고용 절차에 많은 이가 참여할수록 공정하고 투명하게, 훌륭한 인재가 선발될 가능성이 높다고 믿기 때문이기도 하지만. 무엇보다 이러한 방식이 예상하지 못한 상황에서 창의적인 해결책을 제시할 줄 아는 인재 발굴에 도움이 된다고 믿기 때문이라고 합니다.

면접을 6번 본다는 것은 그만큼 시간과 비용이 투여되는 작업입니다. 그럼에도 불구하고 이 사람이 나와 맞는 사람인지, 팀에 도움이 되는 사람인지 검증하고 노력하는 부분에서 모든 일은 사람을 통해 이루어진다는 말이 더 중요해진 것입니다. GPT제너레이션과 인공지능이 턱 밑까지 올라와 우리 삶이 혁신처럼 변화하는 시대에 살고 있지만, 결국 그 활용은 인간의 몫입니다. 얼마나 창의적이고 효율적인 질문을 던지느냐에 따라 양질의 답이 나올지 말지가 결정되니 말이지요.

세계에서 가장 영향력 있는 디지털 기업의 CEO가 아날로그에 가까운 삶과 사람의 중요성에 대해 강조했다는 부분에서 깨닫게 되는 가치가 있습니다. 가상 공간에서 벗어나 진정한 인간관계를 만들어가야 한다는 당부와 더불어 디지털 세계에서야말로 아날로그라는 근본이 중요하다는 것이지요. 세상에 혁신을 가져오는 디지털 기술도 결국 사람에게서 나오는 것이므로 사람에 대한 진정한 앎이 우리 삶에 밑바탕이 되어야 한다는 것. 에릭 슈미트가 거듭 강조하고 실천하는 가치입니다.

주위를 둘러보세요. 내 주위에 누가 남아 있는지 돌아보세요. 바로 그들이 지금의 나를 만든 사람들입니다. 그들을 통해 우리는 행복과 정을 느끼고 삶의 소중함과 가치를 발견해온 것입니다. 결국 다시, 사람입니다.

기꺼이 갈등의 중재자가 될 때,
진정한 신뢰가 시작됩니다

2005년 11월 22일, 독일에서 51세의 젊은 총리가 탄생했습니다. 역대 최연소 총리일 뿐만 아니라 최초의 여성 총리였지요. 지금껏 남성 총리가 이끌던 독일은 하루 아침에 완전히 새로운 리더를 맞이하게 됐습니다. 이후 16년간 독일을 집권한 그는 포브스에서 선정한 '세계에서 가장 영향력 있는 여성' 순위에서 여러 차례 1위로 랭크되기도 했지요. '어머니'라는 뜻의 '무티'(Mutti)라는 별명이 붙을 정도로 국민의 큰 신뢰를 받은 전 총리, 앙겔라 메르켈입니다.

인생에서 가장 후회되는 게 뭐냐고 묻는다면

메르켈은 야당의 의견까지 적극적으로 수용하는 모습으로 신임을 얻었습니다. 정당이 아닌 정책에 집중했던 것입니다. 야당이 추진하는 정책이라도 합리적이면 적극적으로 검토해서 추진하는 모습을 보였고요. 그 결과 당을 막론한 동료 정치인의 협조를 이끌어냈고, 국민들에게 뛰어난 리더로 인정받을 수 있었습니다. 권력을 키우기 위해서가 아니라 국가를 더 나은 방향으로 이끌고자 일하는 게 느껴졌으니까요.

"어떠한 상황을 고민할 때 결말을 출발점으로 삼습니다.
바람직한 결과부터 생각하고
역방향으로 일을 진행하는 것이지요."

그는 쌓아올린 신뢰를 깨지 않기 위해서 변명이 아닌 솔직함을 택했습니다. 자신의 판단이 안 좋은 상황을 낳을 것이라고 예상되면 즉각적으로 수정하고 국민들과 소통했지요. 메르켈은 원래 원자력 발전을 지지하던 인물이었습니다. 당시 독일은 17기 원전을 가동하고 있었는데, 이는 독일이 소비하는 전체 전력의 3분의 1을 차지하고 있는 비중이었지요. 원전에 우호적이던 그는 비중이 큰 것을 고려해 17기 원자로의 수명 연장을 추진했다가, 2011년 단호하게 원전 종식을 선언해 놀라움을 줬습니다.

바로 일본의 후쿠시마 원전 사고, 즉 동일본 대지진의 여파로 일어난 쓰나미가 원자력 발전소를 강타한 사건이 있었기 때문입니다. 발전소에 물이 쏟아져 들어가면서 6기의 원자로 중 3기가 녹는 재앙이 발생하자, 메르켈은 겸허히 자신의 오판을 인정했던 겁니다.

"후쿠시마 사고 전에는 원전의 위험이 낮다고 믿었습니다. 그러나 우리는 이러한 재난이 언제든 일어날 수 있으며, 일본처럼 기술력이 발전된 나라조차 막을 수 없었다는 사실을 인정해야 합니다. 원자력의 이용은 이러한 일이 다시 일어나지 않을 것이라고 확신할 때만 수용될 것입니다."

그리고 2022년 말까지 원전의 추가적 이용을 중지하고, 대신에 신재생에너지 공급을 점차 확대하기로 추진하지요. 이같은

인생에서 가장 후회되는 게 뭐냐고 묻는다면

유연한 정책 전환은 국민의 더 큰 신뢰를 낳을 수 있었습니다.

"갈등 사이에 다리를 놓아라"

난민 문제에 대해서도 마찬가지였습니다. 2015년, 메르켈은 시리아 난민 문제에 적극적으로 나섰지요. 인류애를 앞세우며 100만 명이 넘는 시리아 난민을 적극적으로 수용해 국제사회에서 찬사를 받았지요. 반대 의견에도 불구하고 국민을 향해 "우리는 할 수 있다"라고 외치며, 유럽연합의 다른 국가들에게도 국경을 활짝 열 것을 촉구했습니다.

하지만 그의 기조는 오래가지 못했습니다. 난민 범죄가 연이어 발생하고, 포용적인 난민 정책에 불만을 품었던 극우 세력에 의한 인종차별 범죄도 이어졌지요. 메르켈의 퇴진을 외치는 시위가 벌어지기도 하면서 잠잠했던 독일 사회는 혼란에 빠집니다. 이처럼 계속되는 후폭풍에 잘못된 선택을 했다는 비판이 쏟아지고, 지지율이 뚝 떨어지는 등 메르켈은 뭇매를 맞아야 했습니다.

그는 문제 대응에 준비가 부족했던 점을 인정하고, 부적격자를 추방하는 심사과정을 도입하는 등 보완책을 마련했습니다. 실수를 솔직하게 인정하고 잘못을 바로잡는 모습에서 메르켈을 향한 신뢰가 회복됐고, 다음 총선에서 그가 또 승리를 거머쥘 수 있었지요. 훗날 역사에서 어떻게 평가받기를 바라냐는 질문에 "그는 노력했다." 한 문장이면 족하다고 한 메르켈은 한결같이 우직한 노력으로 신뢰를 쌓았습니다.

2021년 10월 무렵, 메르켈 총리는 퇴임을 앞두고 이스라엘을 방문했습니다. 다시 한 번 과거 나치가 저지른 홀로코스트 이후 독일이 과거를 사죄하고 이스라엘의 안보를 위해 동맹을 유지하겠다는 약속을 지키겠노라고 다짐하는 일정이었지요. 이미 총리 자격으로 8번째 방문이자 퇴임 전 마지막으로 이스라엘을 방문한 것이었습니다.

메르켈 총리는 600만 홀로코스트 피해자를 추모하며 '영원의 불'을 밝히고 헌화하며 머리를 숙였습니다. 거기에 그치지 않고 홀로코스트 생존자들을 만나기까지 했지요. 자신이 저지른 실수뿐만 아니라 조국의 과오까지 대신한 총리의 진심 어린, 끊임없는 사과는 묵직한 울림을 남깁니다.

인생에서 가장 후회되는 게 뭐냐고 묻는다면

사람은 누구나 실수합니다. 그 실수 후에 어떻게 행동하느냐가 그 사람에 대한 평가를 결정하지요. 공격받는 상황에서 강한 자기방어를 하며 자신이 틀리지 않았다는 것을 증명하려고 애썼다면 메르켈이 2021년까지 4차례나 총리를 연임하는 일은 없었을 겁니다. 대신에 그는 반대 의견까지 경청하고 수용하는 모습을 보여줬지요. 신뢰 가는 사람이 되기 위해선 반드시 완벽해질 필요는 없습니다. 메르켈처럼 어떠한 상황에서도 진정성을 바탕으로 앞으로 나아가는 모습을 보여주면 이미, 충분합니다. 진정한 신뢰는 제대로 된 반성에서 시작되는 것입니다.

오직 한 사람만이
나를 평가할 수 있어요

역사상 가장 창조적인 화가로 평가받는 파블로 피카소는 "좋은 예술가는 모방하고, 위대한 예술가는 훔친다"라는 말을 남겼습니다. 실제로 그는 자신과 더불어 20세기 최고의 화가로 손꼽히는 앙리 마티스의 아이디어를 훔치는 데 거리낌이 없었지요. 피카소와 마티스, 이 둘은 서로를 질투하며 실력을 다투는 세기의 라이벌이었습니다.

"만약 내가 다시 태어나 그림을 그린다면
마티스처럼 그리고 싶다"
-파블로 피카소

'색채의 마술사', '선의 연금술사' 등 여러 수식어가 따라다
니는 마티스. 1869년, 프랑스 북부 르 카토 캉브리지에서 태어
난 그는 어릴 때부터 화가를 꿈꾸며 그림을 그려온 피카소와
달리, 법률 사무소 직원으로 일하다가 우연히 예술가의 길로
접어듭니다. 맹장염으로 병원에 입원했을 때 무료한 시간을
달래고자 그림을 그리다가 열정을 꽃피우게 되지요. 마침내
화가가 되겠다고 마음먹고, 진로를 바꿔 1895년, 26살에 예술
학교에까지 진학합니다.

그림에 뒤늦게 눈을 뜬 마티스는 당대 화풍부터 흡수하고자
다른 작품들을 사서 연구하는데, 독특한 색감과 단순한 형태
로 자신만의 화풍을 구축한 세잔에게서 큰 영향을 받습니다.
〈사과 바구니〉 등 세잔의 작품을 보며 과감한 색채 선정에 영
감을 받은 마티스는 이에 개성을 담아 그리기 시작합니다. 세

잔보다 한 발짝 더 나아가 해방감이 느껴지도록 초록과 빨강, 노랑과 보라 등 다양한 색상의 물감을 자유롭게 사용하고, 거칠고 자유분방하게 붓질을 합니다. 대표작 〈모자를 쓴 여인〉 (1905)을 보고 한 비평가는 "야수처럼 포악하고 거칠다"라며 비난했지만, 그의 색다른 시도는 다른 화가들에게도 확산되며 유례없는 장르 '야수파'가 탄생하지요.

이를 통해 마티스는 유명세를 얻지만 안주하지 않고 더욱 발전합니다. 안락의자처럼 마음을 편하게 하는 그림을 선보이고자 〈생의 기쁨〉(1906)을 발표하는데, 이 그림에서 색으로 직접 선을 그리는 기법이 전보다 훨씬 완숙해졌다는 평가를 받습니다. 전통적인 회화에서는 선을 먼저 그리고 그 안을 색으로 채우는 방식을 당연히 여겼으나, 이를 과감히 깨고 성공을 거둬 아방가르드 미술의 선도자로 인정받게 됩니다.

그런데 이때, 마티스보다 열두 살이나 어린 피카소가 기습 공격을 합니다. 둘은 평소 돈독한 관계로, 무명 때부터 피카소를 눈여겨본 마티스는 수집해온 아프리카 조각들을 직접 소개해주기도 했지요. 피카소는 정면에서 바라본 상체와 위에서 바라본 하체 등 다른 시점을 동시에 표현해낸 마티스의 〈푸른 누드〉(1907)를 보고 큰 질투를 느낍니다. 그래서 그의 연구 과제인 아프리카의 원시성 그리고 다시점을 훔친 뒤 〈아비뇽의 처녀들〉(1907)을 발표해버린 것이지요.

인물들의 얼굴은 아프리카 원주민의 얼굴을 본뜬 가면을 씌워놓은 듯하고, 명암법과 원근법이 사라지며 다시점이 극단적으로 표현된 그림 〈아비뇽의 처녀들〉. 이 한 장의 혁명적인 그림으로 피카소는 마티스 대신 아방가르드의 리더로 떠오르고, 야수파는 슬그머니 꼬리를 감춥니다. 화가 난 마티스는 피카소를 '노상강도'라고 비난했지만, 그의 재능을 인정하는 마음만은 여전했습니다.

"오직 한 사람만이 나를 평가할 권리가 있으니,
바로 피카소다"
-앙리 마티스

가만히 있을 수 없던 마티스는 색다른 영감을 찾아 여행을 다니며 '색채'에 집중합니다. '아틀리에 4부작'이라고 하는, 1911년에 탄생한 〈분홍 화실〉, 〈화가의 가족〉, 〈가지가 있는 실내〉, 〈붉은 화실〉을 보면 거의 모든 색이 넘쳐흐르는 듯한 느낌입니다. 피카소는 '형태'에 집중하는 와중에도 마티스에 대한 모방을 잊지 않았습니다. 〈푸른 누드〉를 떠올리게 하는 피카소의 〈기대어 누운 누드〉(1932) 속 강렬하게 타오르는 색채, 싹트는 식물과 과일은 바로 마티스가 좋아하는 장치들이었지요. 또 애인 프랑수아즈 질로를 그린 〈꽃의 여인〉(1946)은 "나라면 머리카락을 초록으로 하겠다"라는 마티스의 말에서 모티브를 얻었습니다.

두 화가는 추구하는 스타일이 정반대라고 할 수 있을 정도로 달랐습니다. 마티스는 정장 차림으로 낮에 작업했고 밝은 분위기의 그림을 그렸지만, 피카소는 편한 복장으로 밤에 작업했고 긴장감 있는 그림으로 사회 문제에 적극 참여했습니다. 아내만 사랑한 마티스와 달리 피카소는 여성 편력으로 유명했습니다. 그런데도 단 하나의 공통점, 전통 미술의 한계를 넘어서 새로운 가능성을 탐구했다는 공통점이 둘을 오랜 시간

끈끈하게 이어주었고, 서로의 발전적인 시도에 자극을 받아 함께 성장할 수 있었습니다.

> "우리가 상대로부터 이익을 얻었다는 데는
> 의문의 여지가 없다."
> -앙리 마티스

노년에 마티스는 십이지장암에 걸려 붓을 들 수 없었지만, 대신 가위를 들어 색종이를 오려붙이는 방식으로 작품 활동을 계속합니다. 피카소도 60대에 도자기를 빚기 시작하는 등 평생 안주하지 않고 도전을 거듭했지요. 나중에 둘은 서로 작품을 교환하고 대규모 합동 전시회를 여는 등 소중한 단짝이 됩니다. 1954년, 마티스의 사망 소식을 들은 피카소는 다음과 같이 말합니다.

"나를 지독히도 괴롭히던 마티스가 사라졌다. 내 그림의 뼈대를 형성하는 데 가장 큰 영향을 준 사람. 그는, 내 영원한 멘토이자 라이벌이다."

우리는 같은 공동체에서 실력이 뛰어난 사람을 보면 자연스레 질투를 느끼게 됩니다. 이때 열등감에 사로잡혀 그 사람을 깎아내리면 빈축만 살 뿐이지요. 자존감도 더 바닥을 치게 되고요. 피카소와 마티스는 상대방을 성장 동력으로 삼은 결과 함께 성장하고 성공하며 나아갈 수 있었습니다. 이후 서양 현대미술은 그들이 주도한 야수파와 입체파, 두 사조의 영향 아래 전개되며 치열한 발전을 거듭하고 있으니 오늘날까지 그 관계가 이어지는 셈입니다. 이처럼 좋은 라이벌은 서로를 훨씬 더 강하게, 더 가치 있게 만든다는 사실을 기억해야 합니다. 라이벌을 적이 아니라 친구로 삼을 수 있는 사람이 바로 최후의 승리자일 것입니다.

인생에서 가장 후회되는 게 뭐냐고 묻는다면

우리는 모두
행복할 자격이 있습니다

우리는 스티브 잡스와 마크 저커버그, 제프 베이조스처럼 한 명의 천재가 세상을 바꾸는 혁신의 시대에 살고 있습니다. 그리고 또 한 명, '천재' 하면 결코 빼놓을 수 없는 인물이자 괴짜 부자인 테슬라 CEO 일론 머스크가 있지요. 12살 때 혼자 컴퓨터 코딩을 습득하고 게임까지 개발한 그는 전기차 시대를 열고 인류의 꿈인 우주여행을 현실화시키고 있습니다. 일론 머스크의 큰 성공 뒤에는 어머니 '메이 머스크'가 있지요.

1948년생, 올해 75세인데도 왕성한 활동을 하고 있는 메이는 진취적인 여성의 대명사라고 할 수 있습니다. 20대부터 모델과 영양사로 커리어를 쌓았지만 유명해지기 시작한 건 60대 이후이지요. 67세 나이에 버진 아메리카항공 모델로 발탁되고, 2년 뒤 69세엔 메이크업 브랜드 '커버걸'의 최고령 모델이 됩니다. 영양사로의 커리어 또한 성공적으로 자리매김하지요. 그런데 메이가 젊은 시절부터 빛나는 삶을 산 건 아닙니다. 결혼 이후엔 삶이 누구보다 고통스러웠다고 말합니다.

"내 인생에서 지옥 같은 시절이 시작되었다"

1970년부터 1979년까지, 극심한 여성편력에 폭력성까지 있던 남편 에롤 머스크와 보낸 약 10년간의 결혼 생활은 그에게 수많은 트라우마를 남겼습니다. 에롤은 신혼여행 때부터 손찌검을 했을 뿐만 아니라 평소 "못생겼고 멍청하다"라는 둥 비난을 일삼곤 했지요. 메이는 결혼 후 일론을 포함한 3명의 자녀를 낳았지만 과감히 '탈출'을 시도하고, 남편의 협박 속에서도 양육권을 가져와 31살이라는 젊은 나이에 싱글맘이 됩니다. 이후 캐나다 임대 아파트에 살면서 가난 속에서 세 아이를 양육하기 위해 힘든 삶을 살아야 했습니다.

"삶은 결단코 쉽지가 않다.
벗어나야 한다. 반드시, 최대한 빨리 벗어나라."

메이는 어려운 환경 속에서도 기업가 일론, 요리사인 둘째아들 킴벌, 영화감독이 된 막내딸 토스카까지 잘 키워냅니다. 그는 아이들이 흥미를 보이는 일들을 하게끔 격려하고, 하고 싶은 일을 할 수 있도록 도왔지요. 성숙했던 아이들도 대출과 장학금으로 학비를 마련해서 부담을 덜었습니다. 아이들이 각자의 영역에서 성장하는 동안 마찬가지로 본인의 업을 꾸준히 계발시킨 메이는 과거의 상처를 뒤로한 채 행복하게 나이 드는 어른이 되었습니다.

"있는 그대로의 우리를 인정해 주는
가족, 친구, 동료를 곁에 두어야 한다.
그러면 자신감 넘치는 당당한 태도로 삶을 살아갈 수 있다"

남편의 학대로 어둠 속에서 허덕이던 젊은 날, 그리고 잃어버린 자신감을 좋은 주변 사람들과 사랑을 나누는 과정에서 극복할 수 있었지요. 노년이 되어 세련된 백발의 모습으로 전성기를 맞이한 그는 "우리는 모두 행복하게 살 자격이 있다"라고 강조합니다.

인생에서 큰 좌절을 겪은 순간, 앞장서서 변화를 주도하는 건 쉬운 일이 아닙니다. 그러려면 누군가 나를 깎아내리는 상황에서도 '난 행복할 자격이 있다'라고 굳게 믿어야 하지요. 실패를 경험해서 자신감이 모두 사라졌을 때는 웃는 메이의 얼굴을 떠올려보세요. 그처럼 불행했던 과거와 과감히 '손절'하고 행복을 추구할 용기가 필요합니다.

마음을 얻는 사람이
천하를 얻을 것입니다

정보기술 업체 텐센트의 마화텅 회장, 스마트폰 제조업체 샤오미의 레이쥔 회장, 전자상거래 업체 알리바바의 마윈 회장 등 중국은 물려받은 재산 없이 자수성가한 부자들이 많은 나라입니다. 그중 마윈은 중국 젊은이들에게 롤모델로 꼽히며 많은 영감을 나눠주었지요. 볼품없는 외모를 가진 '흙수저'인데도 열정과 끈기, 진정성으로 사람의 마음을 얻은 것이 그의 대표적인 성공 비결이었습니다.

"때때로 당신이 일하는 곳보다
당신의 시선이 어디에 있는지가 더욱 중요하다"

1964년 중국 항저우에서 태어난 마윈은 어릴 때부터 원하는 것이라면 과단성 있게 밀고 나갔습니다. 중학생 때부터 영어를 잘하고 싶었던 그는 혼자 호숫가에 가서 모르는 외국인을 상대로 회화 연습을 하지요. 주위 사람들은 떠듬떠듬 말하는 그를 두고 비웃었고, 그렇게 해서 영어가 얼마나 늘겠냐고 조롱하지요. 남의 시선을 개의치 않고 연습한 마윈은 나중엔 무료로 외국인 관광객을 이끄는 가이드까지 하는 등 유창한 회화 실력을 갖추게 됩니다.

수학을 공부할 때도 비슷했습니다. 대입 시험을 준비할 때, 아무리 열심히 공부해도 낙제점에 머물자 수학 선생님은 "네가 만약 시험에 합격하면 내가 성을 거꾸로 쓰겠다"라며 그를 무시합니다. 가족들도 공부는 그만두고 기술을 배우라고 진지하게 조언하지만, 포기하고 싶지 않았던 마윈은 세 번째 도전 끝에 79점을 받아 결국 사범대에 합격하지요. 그는 얼마든지

고배를 마시는 건 괜찮지만, 원하는 것을 포기하는 것이 진정으로 부끄러운 일이라고 여겼습니다.

마윈의 이러한 열정과 끈기는 창업에서 빛을 발하게 됩니다. 대학을 졸업한 뒤 그는 영어 강사로 일하다가 1992년, 항저우 최초의 번역 회사인 '하이보 번역사'를 만드는데, 초반에는 월수입이 700위안(한화 약 13만 원) 수준에 그쳤습니다. 직원들은 불안해했으나 생기가 넘쳤던 마윈은 다른 일을 해서라도 회사를 유지하기 위해 도매시장에서 물건을 떼와 항저우 시내에서 팔았지요. 결국 회사는 궤도에 올라 나중엔 항저우 최고의 번역회사로 성장할 수 있었습니다.

30대에 이미 번역 회사를 성공적으로 경영한 사업가였지만, 여전히 새로운 도전을 꿈꾼 그는 1995년, '하이보 네트워크'를 설립합니다. 이는 중국 최초의 인터넷 기업으로, 기업용 홈페이지 제작 대행사였지요. 중국에서 해외에 이메일을 보내는 단순한 수준으로 인터넷이 시작된 게 1987년이니 당시엔 인터넷 자체가 생소한 개념이었지요. 하지만 미국 출장 중 그 존재를 알게 된 마윈은 훗날 이로 인해 세상이 크게 바뀔 것을 예견하는데, 이후 인터넷이 정말로 빠르게 확산되며 회사는 금세 유명세를 탑니다. 그는 여기에서 멈추지 않고 1999년, 회사를 나와서 전자상거래 기업 '알리바바'를 창업하지요.

> **"생각이 오로지 자신만으로 채워지면 해낼 수 없다.**
> **내 꿈이 아니라 우리의 꿈이 회사의 꿈이다."**

마윈은 공생의 가치를 생각하는 CEO였습니다. 처음부터 알리바바는 대기업이 아닌 중소기업을 위한 플랫폼이었지요. 그는 대기업은 인프라가 잘 구축돼 있어 얼마든지 광고를 할 수 있지만, 힘없는 중소기업은 뒤처지지 않도록 누군가 도와줘야 한다고 생각했지요. 그래서 중소기업이 무료로 정보를 등록하게 하는 등 그들의 이윤을 늘리는 방식을 추진합니다. 덕분에 수많은 영세 판매자들이 온라인 상점에서 편리하게 거래하며 몸집을 불릴 수 있었습니다.

인간적인 면모로 직원들에게도 신임을 받을 수밖에 없었습니다. 사스가 유행하던 2003년, 직원 한 명이 확진자가 많은 도시에 출장을 갔다가 감염된 일이 있었지요. 직원의 가족들은 꼭 이런 시기에 일정을 강행해야 했냐며 알리바바를 비판했고, 걱정스러웠던 마윈은 전 직원에게 다음과 같은 편지를 쓰고 감염 예방 차원에서 재택 근무를 시행합니다. 진심 어린 사과와 즉각적인 대처에 직원들은 감동했습니다.

확실히 알리바바는 부족한 점이 많습니다. 진심으로 반성해야 합니다. 전 회사의 대표로서 모든 책임을 질 것입니다. 오늘 밤부터 직원들은 격리 생활을 하겠습니다. (…중략…) 사스에 대처하는 동시에 사명과 책무를 잊어선 안됩니다. 재난은 지나가고 일상은 계속될 것입니다.

또한 업무 성과가 나쁘면 직원들을 탓하지 않고 모두 자신의 탓이라고 말하던 마윈. 그는 직원이 회사에 머물게 하기 위해선 무엇보다 마음을 얻는 게 가장 중요하다고 생각했습니다. 높은 연봉이나 지분을 제시하는 건 부차적인 것에 불과하며, 마음을 얻어야 비로소 원하는 비전으로 함께 나아갈 수 있다고 믿었지요. 뛰어난 인품과 책임감으로 늘 직원들이 따랐던 그는 2019년, 은퇴할 때까지 영감을 주는 리더로 활약할 수 있었습니다.

흔히들 남들에게 좋은 인상을 주기 위해 외모를 가꾸고, 재력을 자랑하는 등 보여지는 것에 집중합니다. 하지만 왜소한 체구에 'ET'처럼 생겼다는 말까지 들은 마윈은 돈이 없던 시절에도, 성공한 이후에도 한결같이 매력을 발산했지요. 인생을 개척하는 과감한 추진력과 한번 시작하면 쉽게 포기하지 않는 인내, 사람을 진심으로 대하는 태도는 다른 이의 마음에 크게 와닿을 수밖에 없습니다. 겉모습이 얼마나 남루하든 간에 말이지요.

삶을 이겨낸 사람들의 인생 문답

"잠깐만이라도 아날로그에 가까운 삶을 살아보며 무엇이 자신에게 가장 중요한지 찾을 필요가 있다. 컴퓨터와 휴대전화를 끄고 진정으로 우리 곁에 사람들을 발견하라." -에릭 슈미트

"어떠한 상황을 고민할 때 결말을 출발점으로 삼습니다. 바람직한 결과부터 생각하고 역방향으로 일을 진행하는 것이지요." -앙겔라 메르켈

"나를 지독히도 괴롭히던 마티스가 사라졌다. 내 그림의 뼈대를 형성하는 데 가장 큰 영향을 준 사람. 그는, 내 영원한 멘토이자 라이벌이다." -파블로 피카소

"삶은 결단코 쉽지가 않다. 벗어나야 한다. 반드시, 최대한 빨리 벗어나라." -메이 머스크

"때때로 당신이 일하는 곳보다 당신의 시선이 어디에 있는지가 더욱 중요하다" -마윈

오늘, 지금 이 순간을 버리지 마세요
세상은 오늘이 모여 바뀌니까요

— 3장 —

포기해버렸다면

우리는 나이와 상관없이 지금 바로,
무엇이든 시작할 수 있습니다

전 세계 1만 개가 넘는 KFC 매장을 보유한 커넬 샌더스.
KFC 흰색 양복을 입고 흐뭇한 인상으로 지팡이를 들고 있는
할아버지 동상을 모르는 사람은 아마 없을 듯하네요. 큰 성공
을 거둔 인자한 부자 할아버지로 보이지만, 커넬 샌더스의 삶
은 평탄하지 않았습니다.

**"저는 남들이 포기할 만한 일을 포기하지 않았습니다.
포기하는 대신 무언가 해내려고 애썼습니다"**

다섯 살에 아버지를 잃고 어머니와 함께 살다 열 네살에 재혼한 새 아버지의 가정 폭력으로 인해 어머니가 집을 떠난 뒤 그는 불우한 어린시절을 보내게 됩니다. 그리고 그는 40세까지 먹고살기 위해 닥치는 대로 온갖 일을 했지요. 미국 전역을 떠돌며 보일러 점검원, 보험 판매원, 선원 등 큰 성공과는 거리가 먼 직업을 전전했고요. 젊은 나이에 여러 번의 실패도 경험합니다. 1920년 최초로 시작한 정기연락선 운행 사업은 다리가 건설되는 바람에 실패로 끝나고 두 번째로 시작한 주유소 사업은 1929년 전 세계 경제 대공항으로 인해 또다시 실패로 돌아갑니다.

하지만 그는 포기하지 않았습니다. 중년의 나이에 작은 주유소를 또다시 운영하며 자신만의 레시피로 만든 치킨을 구석에서 판매했고, 그 치킨의 독특한 맛이 사람들의 입맛에 잘 맞아 오히려 주유소보다 더 잘나가게 되었다고 합니다. 이후 주유소를 그만두고 레스토랑으로 전업한 뒤 지방 맛집으로 거듭나게 됩니다. 그러나 성공의 기쁨도 잠시, 잘되던 가게에 큰 불이 났고 그는 모든 것을 잃고 맙니다. 이후 1941년 마지막이라 생각하며 지방 국도의 레스토랑을 열었지만 그 또한 국도를 대신한 새로운 도로로 바뀌며 그의 사업은 또다시 실패를 직면하게 되었지요.

안타깝게도 그의 인생은 실패의 연속이었습니다. 60살이 넘은 나이에 그에게 남은 건, 낡은 포드 자동차와 양복, 연금뿐이었습니다. 거의 빈털터리와 다를 바 없는 정도였다고 할 수 있겠지요. 그러나 그는 믿었습니다. 가장 중요한, 나 자신이 남았다고요. 그에게는 레스토랑에서 개발했던 자신만의 치킨 조리법과 비밀 레시피가 있었고, 그렇게 그는 60세가 넘은 나이에 다시 사업을 시작합니다.

"훌륭한 생각, 멋진 아이디어를 가진 사람은 무수히 많습니다. 그러나 행동으로 옮기는 사람은 드뭅니다."

여기서 유명한 일화가 시작됩니다. 치킨 조리법과 비밀 레시피를 들고 도와줄 동업자를 찾아다니며 1008번의 거절을 당하고 난 뒤 그는 드디어 1952년, 1009번째 시도 끝에 자신의 조리법을 사겠다는 미국 유타주의 사업자 피트 하먼을 만나게 된 것입니다. 이때 그의 나이는 67살이었습니다. 이후 그는 승승장구하여 전 세계적으로 유명한 프랜차이즈인 KFC를 만들고 프라이드 치킨 왕국을 건설하기에 이릅니다. 그는 이렇게 말합니다.

"나는 희망을 놓지 않았고 그렇기 때문에 65살에도 포기하지 않았다."

65세의 나이에 모든 것을 잃은 실패를 겪었으면 아마도 다시 무언가를 할 힘이 생기지 않았을 수도 있습니다. 누군가에게는 인생의 끝자락에 서 있으니 그저 편히 쉬는 게 답이라고 할 수 있겠지만, 포기하지 않는 그의 도전정신이 또다른 시작을 만들어준 것입니다. 돌아보면 그는 1008번이 아니라 성공할 때까지 2000번이고 계속 도전했을테니까요.

그리고 그는 KFC의 대표 모델이 되기도 했죠. 누군가는 늙고 보잘 것 없다고 생각했겠지만 KFC 치킨의 조리법을 팔러 다니며 입었던 복장을 입고 환한 미소를 지어 보이면서 고객들에게 진심으로 다가가려 했던 그의 마음이 통했습니다. 할아버지가 된 나이인데도 1년에 20만 마일을 이동하며 미국 전역에서 KFC를 홍보하고 본인을 각인시키지요. 누구나 쉽게 방문할 수 있는 패밀리 레스토랑의 콘셉트를 확실히 만든 셈입니다.

먼 훗날 커넬 샌더스는 KFC를 팔고 CEO에서 물러나면서 약속 하나만 꼭 지켜달라는 당부를 했습니다. 누가 CEO가 되든 조직이 어떻게 변하든 관심이 없지만 딱 하나, 음식의 맛이 달라지거나 떨어지는 것은 참을 수 없다고 말이지요.

삶이 힘들고 지치고 어두워 보이지 않는다 하더라도 우리는 모두, 무엇이든 시작할 수 있는 나이입니다. 세상이 정해놓은 잣대에 스스로를 가두지 마세요. 뚝심 있게 인생을 걸어 나아가야 할 뿐입니다. 너무 늦은 나이가 아닌지 고민하거나 시작이 두렵다면 부디 잊지 마세요. 오늘이 무언가를 시작하기 위한 가장 빠른 날이라는 진실을 말입니다.

배우는 사람에게
삶은 늘 새롭습니다

미국에서 '길 위의 철학자'로 불리는 이가 있습니다. 평생 떠
돌이 노동자로 살면서 정규 교육을 받지 못한 채, 흔히 알려진
철학의 계보나 틀을 벗어나 오직 독서만으로 자신만의 사상을
구축한 에릭 호퍼입니다. 미국에서 사회 철학자, 노동 철학자
로 불리며 1960년대부터 30년간 미국 사회에 큰 반향을 불러
일으킨 철학자입니다.

고통 가운데에서 의미 있는 삶을 찾다

호퍼의 삶은 철저하게 외롭고 고통스러웠습니다. 1902년 미국 뉴욕에서 태어나 경제적으로 아주 어려운 가정 환경에서 살았습니다. 게다가 다섯 살에 어머니와 계단에서 굴러 떨어지는 사고를 당하고, 그로 인해 어머니는 2년 뒤 운명을 달리하고 그는 부분적으로 시력을 잃게 됩니다. 8년 동안 시력을 잃고 살다 열다섯 살이 되던 해 우연히 시력이 회복되자, 일시적으로 회복되었다고 여기며 다시 시력을 잃어도 상관없다는 심정으로 눈을 혹사하면서까지 독서에 매진합니다. 1920년 가구 조립 농동자였던 아버지마저 숨을 거둔 뒤 무일푼으로 캘리포니아에 가기로 결정했으나 더는 살 가치를 찾지 못하고 자살을 시도하는 순간, 그래도 살아남아야겠다는 의지를 온몸으로 느끼고 죽을 결심을 거두게 됩니다. 그러고는 끊임없이 방랑자 생활을 하며 삶을 이어나가죠.

그의 책 《길 위의 철학자》에는 다음과 같은 글이 나옵니다.

'의미 있는 생활은 배우는 생활입니다. 사람은 자신이 자부심을 가질 수 있는 기술을 습득하는 데 몰두해야 합니다. 일단 어떤 기술을 습득하게 되면, 그 기술 자체는 그리 쓸모 없다고 할지라도 당신은 자부심을 느낄 수 있으니까요.'

'의미 있는 생활'. 우리는 무엇에서, 어디에서 의미를 찾고 있을까요? 우리는 인생에서 수많은 것에 의미를 부여하며 살아갑니다. 의미 없는 삶은 의미가 없다고 할 정도로 어딘가에 기대고 누군가에게 의지하며 살아가는 것이지요. 그 가운데 특히 '배우는 생활'에 의미를 부여한 에릭 호퍼. 나이가 지극한 어른들이라도 여전히 새로운 것을 배우는 게 즐겁고 모르는 게 많다며 해맑게 웃는 모습을 자주 볼 수 있습니다. 이렇듯 삶은 배움의 연속이고 배움으로 인해 우리는 계속해서 성장하고 다채로워질 수 있습니다. 그리고 더욱 행복한 일상을 만날 수 있게 됩니다. 에릭 호퍼는 이 작지만 중요한 인생의 정수를 발견한 것입니다.

"진정한 인간적 사회는 노인도, 아이도 모두 배우는 사회다"

에릭 호퍼가 살아가면서 만난 다양한 사람들에 대한 이야기 또한 책에서 찾아 볼 수 있습니다. 호퍼의 영향으로 인해 안정된 삶을 추구하던 농장주 쿤제가 50만 달러를 노년의 삶을 위해 기부하며 남긴 유언이 참 인상적입니다.

"우리는 늙은 사람들에게 창조적 활기를 자극하고 그것을 유지하게 하는 방도를 찾아야 한다. 우리는 40대의 인간은 새로운 시작이 불가능한 완성품이라는 터무니없는 가정을 배척해야 한다. 40대가 청소년보다 배우는 것이 쉽지 않다거나 쉽게 잊는다는 증거는 없다. 중년은 보다 감각이 예민하고 인생의 소중함을 알고 있으며 관찰과 행동에 있어 끈기가 있다는 데 의문의 여지가 없다."

이 유언에서 에릭 호퍼가 깊은 인상을 받았던 것처럼, 우리도 커다란 깨달음을 만날 수 있습니다. 그 시절의 40대는 아마도 지금의 5, 60대와 비슷했을 겁니다. 노년층의 창조적 활기를 자극하고 그것을 유지하게 하는 방도를 찾아야 한다며 50만 달러를 기부한 쿤제. 언젠가는 나이 들고 언젠가는 죽어야 하는 유한한 삶을 사는 우리는, 그의 유언 속에서 지금의 우리가 어떤 자세를 취하고 어떤 삶을 살아야 하는지 알려주는 한줄기 빛을 찾아볼 수 있을 것입니다.

누구나 다 노년의 삶을 살게 됩니다. 누구도 예외일 수 없습니다. 그러나 그 예비된 노년의 삶을 어떻게 받아들이고 어떻게 대하느냐에 따라 우리 삶은 완전히 바뀌게 됩니다. 노년의 삶을 더욱 가치 있는 삶으로 전환시켜야 하는 것이지요. 삶에 가치를 부여하지 못한 채 어영부영 살아가는 게 아니라, 창조적이며 감각적인 삶을 추구하고 실천하는 것이야말로 후회 없는 삶을 위한 아주 중요한 덕목입니다.

**"스스로 무엇인가를 할 능력이 없는 사람에게,
자유란 따분하고 번거로운 부담이다"**

호퍼는 이렇게 말했습니다. 누군가에게 자유를 주더라도 그 자유를 효율적으로 사용하지 못한다면 따분하고 번거로운 부담이 된다고 말이지요. 무언가를 스스로 만들고 삶의 가치를 찾는 능력을 기를 때 삶은 의미를 더하고 후회도 줄어들게 됩니다. 길 위에서 독서와 사색을 하고, 사람들을 만나며 날 것의 철학을 스스로 정립해온 그의 시선을 통해 생생한 삶의 지혜를 되새길 수 있습니다.

다르게 생각하세요,
그래야 세상을 바꿀 수 있으니까요

"Think different(다르게 생각하라)", "Connecting the dots(점들을 연결하라)", "Stay hungry, Stay foolish(계속 갈망하라, 우직하게)" 등 수많은 명언을 남긴 기업가가 있습니다. 단순해 보이는 문장이 울림을 주는 이유는 그의 뚜렷한 자기 철학이 담겼기 때문이겠지요. 세상을 보다 나은 곳으로 바꾸고 싶다는 마음의 소리를 따르고, 실제로 혁신을 일으켜 전 세계를 놀라게 한 인물. 아이폰을 만든 애플 사의 창업자, 스티브 잡스입니다.

1955년 미국 캘리포니아주에서 태어난 잡스는 어릴 때부터 남다른 학생이었습니다. 하기 싫은 것에는 전혀 관심을 보이지 않아서 수업을 자주 빼먹기까지 했지요. 학업 대신 그가 흥미를 느낀 건 바로 전자제품이었습니다. 혼자 전자 부품을 조립해서 만드는 장난감을 갖고 놀았고, 방과후 수업을 들으며 컴퓨터에 대한 지식을 쌓았습니다. 그 외 셰익스피어의 〈리어왕〉을 읽고 큰 감명을 받아 한동안 문학에 심취하기도 하지요. 이후 인문학을 심도있게 공부하고 싶어서 1972년, 리드 대학교 철학과에 진학합니다.

잡스는 대학생이 되어서도 하기 싫은 건 하지 않았습니다. 부모님이 비싼 학비를 내느라 힘들게 저축한 돈을 쓰는 게 싫어서 6개월만 다니고 과감히 자퇴를 선언합니다. 그는 당시엔 좀 무서웠지만, 나중에 돌아보니 최고의 결정이었다고 평가했습니다. 커리큘럼에 얽매여 필수 과목을 수강할 필요 없이 재미있어 보이는 수업만 자유롭게 청강할 수 있었으니까요.

이때, 그에게 특히 영감을 준 건 서예 수업이었지요. 리드 대학교는 미국에서 가장 뛰어난 서예 교육을 하고 있었고, 잡스는 학교 곳곳에 붙은 포스터 속 정교한 글씨에 매력을 느껴 수강을 결정합니다. 수업에서 세리프체와 산 세리프체, 글자를 조합할 때 자간을 조절하는 방법 등을 배운 그는 어떤 요소가 모여서 훌륭한 서체를 만드는지 알게 되지요. 이 경험으로 10년 뒤 첫 매킨토시 컴퓨터에 들어갈 깔끔하고 균형 잡힌 폰트를 만들 수 있었습니다. 그는 인생의 시간은 한정되어 있으므로 언제나 자신이 원하는 것에 집중해야 한다고 했지요.

> 매일 아침 거울을 보며 나 자신에게 물었다.
> "만약 오늘이 죽기 전날이라고 해도
> 나는 오늘 내가 하려고 했던 일을 할까?"

학교를 떠난 후 명상 공동체에 들어가 마음을 수련하던 잡스는 그곳에서 만난 일본 선불교 승려의 영향으로 선불교에 빠져듭니다. 1974년 인도와 히말라야로 7개월 동안 여행을 떠나서 경전을 읽으며 불교 공부를 하기까지 하지요. 자신을 성찰하며 다음 인생의 방향을 고민하다가, 기업가의 길을 걸기로 결심합니다. 직관이 발달한 그는 머지않아 개인용 컴퓨터가 세상을 바꾸리라고 확신했고 1976년, 아버지의 차고에서 고등학교 선배 스티브 워즈니악과 공동으로 애플을 창업합니다.

잡스의 예상은 적중했습니다. 최초의 개인용 컴퓨터 '애플 I'을 시작으로 컴퓨터 산업을 창조한 애플은 승승장구하지요. 후속작 '애플Ⅱ'의 대히트로 1979년 나스닥시장에 성공적으로 상장하고, 잡스는 20대에 백만장자 반열에 오릅니다. 하지만 이후 실패한 프로젝트들로 인한 판매 부진 등 몇 차례 문제를 겪으면서 1985년, 애플의 이사회는 잡스를 해고하기로 결정합니다. 그의 빈자리는 과거에 그가 직접 펩시콜라 사로부터 영입한 새로운 책임자, 존 스컬리가 채웠지요.

자신이 만든 회사에서 쫓겨난 잡스는 참담한 기분이었습니다. 이때 마치 20대의 인생 전체가 사라진 기분이 들었다고 합니다. 실리콘밸리에서 달아나고 싶을 정도로 부끄러웠지만, 이를 무릅쓰고 처음부터 다시 시작하기로 합니다. 그가 지금까지 해오던 것, 즉 기업가로 살면서 창조적인 아이디어를 추진해 혁신을 일으키는 일을 여전히 사랑하고 있었으니까요.

"다른 사람의 인생을 살기 위해 시간을 낭비하지 마라.
중요한 것은 가슴과 직관을 따르는 용기를 갖는 것이다"

애플을 떠난 뒤 넥스트 사를 세워서 세계 최초의 객체 지향 운영 체제 '넥스트 스텝'을 개발하고, 픽사를 인수해 세계 최초의 컴퓨터 애니메이션 영화인 〈토이스토리〉를 만든 잡스. 1997년, 수년간 적자를 기록하며 파산위기에 처한 애플은 넥스트를 인수하면서 쫓아냈던 잡스를 복귀시키고, 넥스트 스텝은 아이폰, 아이패드 등 애플 기기에 적용되는 운영체제의 기반이 됩니다.

다시 최고 경영자가 된 잡스가 가장 먼저 한 일은 애플의 브랜드 가치를 살리는 것이었습니다. 이때 내세운 광고 캠페인이 바로 'Think different'입니다. 이 캠페인을 설명하는 그의 프레젠테이션은 애플의 본질을 질문하는 것에서 시작하지요.

그가 제시한 답은 '단지 컴퓨터를 만드는 일이 아닌, 열정을 가진 사람들이 모여서 세상을 더 나은 곳으로 바꾸는 것'. 핵심적인 가치를 정립한 그의 캠페인을 시작으로 애플은 결국 재기에 성공하고, 새로운 개인용 컴퓨터 아이맥 등 혁신적인 제품을 내놓으며 시장을 깜짝 놀라게 합니다.

자신의 회사에서 타의로 물러났을 때 그가 그대로 멈췄다면, 현실에 밀려 자기 파괴적인 행동을 했다면, 그가 시대의 아이콘으로 남을 수 있었을까요? 어떤 상황에서 얼마만큼 성장하느냐는 자신에게 달려 있습니다. 스티브 잡스는 시련을 성장의 계기로 만들었고 다시 없을 혁신을 만들어냈지요.

"다르게 생각하라!
우리는 믿는다. 열정을 가진 사람은 세상을
보다 더 나은 곳으로 바꿀 수 있다고"

2011년, 56살의 나이. 건강 악화로 인해 세상을 떠났지만 여전히 막강한 영향력을 자랑하는 잡스. 오늘날 우리는 그가 만든 제품 없이 지내는 건 상상할 수 없는 세상에서 살고 있습니다. 그는 다른 사람의 삶을 사느라 시간을 낭비하지 말아야 한다고, 뚜렷한 비전을 설정하고 이를 이루기 위해 열정을 쏟아야 한다고 강조하곤 했지요. 그와 같은 삶의 태도를 갖춘 채 자신만의 길을 걷는다면, 내면의 잠재력을 끌어내어 많은 이들에게 영감을 줄 수 있을 겁니다. 나아가 잡스처럼 세상을 더 혁신적으로 바꿀 수 있을지도 모르지요.

하지 않겠다고 말할 수 있는
용기가 필요합니다

미국 최대 규모의 저가 항공사인 사우스웨스트항공. 2018년, 미국 경제 매체 〈포춘〉에서 선정한 '세계에서 가장 존경받는 기업' 8위에 이름을 올릴 정도로 저명한 항공사입니다. 2020년 공개된 사업 실적에 따르면, 항공 이용객은 연간 1억 6천여 명으로 한국 인구 3배에 달하는 수준입니다.

2019년, 사우스웨스트항공의 성장을 지휘해 경영계의 전설이라고 불린 전 회장 허브 켈러허가 타계했다는 소식이 전해졌습니다. '왜 꼭 항공기 이용료는 비싸야 할까?'라는 질문을 바탕으로 50년 전 생소했던 저비용 항공사를 만들어 시장을 개척한 인물이지요. 회사가 어려울 때 단 한 명의 직원도 해고하지 않는 모습을 보이면서 직원들의 존경을 받기도 했고요. 타계 소식을 듣고 많은 이들이 아쉬움을 토했습니다. 그런데 놀랍게도 그는 젊을 때까지만 해도 항공사 운영과는 거리가 먼 인물이었지요.

"변화는 느닷없이 찾아옵니다"

1931년 미국 뉴저지 주에서 태어난 켈러허는 수프 공장의 공장장이던 아버지의 일을 도우며 자랐습니다. 어깨너머로 사업에 대해 배웠지만, 우선 학교에서 충분히 공부를 해야 한다고 생각했지요. 그래서 미 동부에 위치한 웨슬리안대에서 영문학과 철학을 공부하고 뉴욕대 로스쿨을 졸업한 뒤 뉴저지주 대법원에서 재판연구원으로 일합니다. 나중에 로펌 등 개인 사업을 하고자 넓은 땅 텍사스로 이동해 기업 전문 변호사로서 커리어를 쌓아나갔지요.

그러던 어느 날, 고객 중 한명이던 롤린킹이 사업 아이템을 제안합니다. 파일럿인 그는 텍사스의 주요 도시인 댈러스, 휴스턴, 샌안토니오를 삼각형 꼭짓점으로 연결하는 비행 서비스를 운영해보자고 하지요. 구미가 당긴 켈러허는 1967년, 롤린킹과 함께 투자금 56만 달러를 모아 '에어사우스웨스트'를 창립합니다. 4년 뒤인 1971년엔 사명을 '사우스웨스트항공'으로 변경하고 텍사스에서 3대의 항공기로 미 남서부 지역을 운항하기 시작하는데, 운항을 시작한 해와 이듬해를 제외하고는 2019년까지 47년 연속 흑자를 유지합니다. 전 세계 항공사가 타격을 입은 코로나19 팬데믹 직전까지는 단 한 해도 적자가 없었지요.

이처럼 회사가 성공 가도를 달린 배경에는 2008년까지 회장을 지낸 켈러허의 혁신적인 경영이 있었지요. 그가 경영에서 특히 집중한 것은 선택과 집중, 즉 버릴 것은 버리고 본질에만 집중하는 태도인 '에센셜리즘'(Essentialism)입니다. 무작정 노력하기보단 우선순위를 정하고, 과감하게 중요하지 않은 일들을 버려서 시간과 노력을 절약하는 방식이지요. 책《에센셜리즘》에서 에센셜리즘을 처음으로 제시한 영국의 기업가 그렉 멕커운에 따르면, 성공한 사람들은 모두 켈러허처럼 효율을 높이기 위해 에센셜리즘을 실천하고 있습니다.

> "우리는 우리가 이루고자 하는
> 궁극적 목표에 기여하지 않는 수많은 것들에 대해
> 하지 않을 것입니다' 라고 말할 수 있어야 합니다"

켈러허는 국제노선 등 가능한 많은 노선에 취항하려는 다른 항공사와 다르게 이익이 많이 나는 노선을 선별해 공략했습니다. 사우스웨스트항공 출범 당시, 비행은 대형 허브 공항 위주로 운영되고 있었지요. 그는 사람들이 대형 허브를 거치지 않고 목적지로 빠르게 가고 싶어 한다는 것을 간파합니다. 그래서 평균 비행시간이 한두 시간인 단거리 노선만 운행하되, 운행 횟수를 늘리는 식으로 틈새시장을 공략하지요. 그 결과 전 세계에서 유일하게 단거리 노선만 뛰는 항공사로 입지를 다질 수 있었습니다.

또 무엇에 집중하면 좋을까 고민한 켈러허가 답을 내린 것은 바로 '싼 가격'입니다. 그는 저렴한 비용을 밀어붙이고자 항공료 인상의 원인이 되는 요소들을 과감히 포기합니다. 가장 대표적인 것이 기내식이었지요. 승객들은 기내에서 오직 땅콩만을 제공받을 수 있었습니다. 또한 값비싼 퍼스트 클래스 좌석을 없앤 뒤 전 좌석을 보통석으로 판매하고, 비행기 기종은 직원 연수비와 재고 관리비를 절약하기 위해 '보잉 737' 하나로 모두 통일합니다.

모두가 미쳤다고 생각한 그의 전략은 시장에서 통했고 이용객의 수는 갈수록 늘어났습니다. 비용 절감의 효과가 고스란히 소비자에게 돌아갔으니까요. 단거리 노선을 이용하는 고객들은 최소한의 서비스만 제공되면 무조건 저가를 선호한다는 심리를 읽은 켈러허는 회사의 경쟁력을 위해 무엇을 선택하고, 포기해야 하는지를 아는 사람이었습니다. 다른 항공사들도 에센셜리즘을 적극적으로 반영해 성공한 사우스웨스트항공의 사례를 모방하기 시작합니다.

더 적은 것을 추구하면서 큰 성과를 이뤄낼 수 있다는 그의 메시지는 오늘날 바쁜 현대인들에게도 많은 것을 시사합니다. 양보다는 질과 효율을 추구하려면 무엇보다 중요하지 않은 건 하지 않겠다고 말할 수 있는 용기가 필요하지요. 산더미같이 쌓인 일들의 우선순위를 단호하게 정하고 본질에 집중할 때, 우리도 가능한 최대한의 성과를 이뤄낼 수 있을 것입니다.

어제와 같은 행동을 하면서
오늘이 바뀔 거라 믿지 마세요

직장인의 최대 관심사인 연봉. 오늘도 많은 이들이 연봉을 올리기 위한 노력을 멈추지 않지요. 세계적인 자기계발 전문가 브라이언 트레이시는 평범한 영업 사원에서 연봉을 기하급수적으로 올린 자신의 사례를 바탕으로 '연봉을 두 배로 올리는 방법'에 대해 강의하고 있습니다. 1시간에 8억 원 가치를 지닌 것으로 알려진 그의 강연. 트레이시는 원래부터 특출나게 똑똑한 것도, 집에서 좋은 지원을 받은 것도 아니었고, 전형적인 '흙수저'였기에 더욱 와닿는 메시지를 전할 수 있었습니다.

"성공도 우연이 아니고, 실패도 우연이 아니다"

1944년, 캐나다의 한 가난한 가정에서 태어난 트레이시는 10살 때부터 일을 해서 돈을 벌어야 했습니다. 성적은 반에서 중간 정도로 나쁘지 않았으나 고등학교를 졸업하지 못했지요. 학교를 관두곤 설거지, 세차, 청소 등 각종 일을 했고, 성실하지 않아 잘리기 일쑤였습니다. 잘리면 또 다른 일을 구했지요. 공장, 농장, 북대서양의 선박까지 다양한 곳에서 계속 일했지만 삶은 나아지지 않았고, 미래에 대해 고민해도 뚜렷한 답이 보이지 않았습니다.

그러다 우연한 계기로 20대에 피아노 회사에 영업 사원으로 취직하게 됩니다. 무작정 시작한 영업이 잘될 리 만무했고, 많은 이들을 찾아가 판매를 시도했지만 퇴짜만 맞기 일쑤였습니다. 실적은 6개월 동안 간신히 입에 풀칠할 정도였지요. 어느 날 트레이시는 회사에서 실적이 가장 우수한 영업 사원을 찾아가 물어봅니다. "당신과 내가 다른 점이 뭐지요?" 그러자 그가 말합니다. "프레젠테이션을 한번 해보세요." 의아한 트레이시가 무슨 말인지 되묻자, 그는 자신의 프레젠테이션을 보여준 뒤 덧붙입니다. "아, 제품을 논리적으로 정리해 판매하는 방식이 있어야지요"라고요.

트레이시는 그를 따라 똑같이 프레젠테이션을 만들어 판매하기 시작해 실적이 올랐습니다. 그리고 "뭐든 잘되는 사람을 따라 하면 훨씬 결과가 좋다"라는, 사소하지만 인생을 바꿀 수 있는 깨달음을 얻게 됩니다. 이 성공 경험을 바탕으로 탄력이 붙은 그는 마음가짐과 태도, 행동을 바꿔서 일에 몰두하지요. 그 결과 이듬해엔 우수한 실적으로 팀장이 되고, 또 이듬해엔 6개국의 판매까지 맡는 등 승승장구하지요. 이 과정에서 자신이 깨달은 것들을 '연봉 두 배 올리기 매뉴얼'로 만들어 다른 사원들에게 알려주자, 그들의 삶도 달라질 수 있었습니다.

"제 매뉴얼을 따르면 연봉을 두 배로 올릴 수 있습니다.
따라하시겠습니까?"

연봉 두 배 올리기 매뉴얼, 그 첫째는 마인드 설정입니다. 우리가 아는 성공한 사람들은 대부분 낙관적입니다. 이는 마냥 잘될 거라고 생각하는 무한 긍정이 아니라, 현실적으로 문제가 있어도 이를 해결하고 앞으로 나아갈 수 있다고 믿는 태도입니다. 역경을 만나도 결국엔 성공할 거라고 믿어야 합니다. 일하는 분야에서 얼마든지 두각을 드러내고, 지금보다 높은 연봉을 받을 수 있다고 기대해야 합니다. 이러한 믿음은 끊임없이 미래의 비전을 그리게 합니다. 연봉이 두 배 높아진다면 직업, 경력, 수입 면에서 어떤 위치에 있을지 상상하는 것처럼요. 머릿속으로 이를 그릴 수 있다면 여러분은 벌써 성공에 한 발 다가간 겁니다.

"독수리가 되고 싶다면, 독수리 떼와 함께하라"

다음으로는 이미 내가 원하는 자리에서 연봉을 두 배 더 받고 있는 사람을 찾아보세요. 주위에서 볼 수 없다면 유튜브나 책에서 참고해도 좋습니다. 그 사람의 자취를 따르려면 뭘 해야 할지 분석한 뒤, 노트를 펼쳐서 이를 바탕으로 10가지 목표를 종이에 적어야 합니다. 목표마다 마감 기한, 달성을 위해 해야 할 모든 일까지 리스트로 만들고 나면 앞으로의 목표와 계획이 모두 정해졌습니다. 그중 가장 중요한 목표에 관한 내용은 따로 다른 곳에 적어서 매일 잘 보이는 곳에 놔두는 게 좋습니다.

마지막은 행동입니다. 적은 내용과 관련된 구체적인 루틴을 만들고, 하나라도 매일 실천하세요. 말은 쉽지만 우리 주변에는 SNS와 넷플릭스처럼 오늘 할 일을 내일로 미루기 위한 핑계가 항상 도사리고 있지요. 이 핑계를 끊어내지 않으면 결국 현실에 안주하게 될 뿐입니다. 아인슈타인이 "어제와 같은 오늘을 살면서 내일이 바뀌길 기대하는 건 정신병 초기 증세다"라고 말했듯, 행동하지 않으면 아무것도 달라지지 않습니다. 연봉 두 배를 받을 수 있는 행동을 하고, 또 해야 합니다.

긍정적인 사고를 가지고, 목표를 세운 뒤 실천하라는 트레이시의 매뉴얼은 어쩌면 뻔하게 느껴질지도 모르겠습니다. 하지만 성공한 사람들은 마치 선택받은 것처럼 아무도 모르는 비밀을 발견한 게 아니라, 평범한 상태에서 누구나 아는 단순한 진리를 실천했을 뿐이라는 사실을 기억하세요. 과거의 모습이 어떻든지 간에 변화를 결심하고 그의 매뉴얼대로 따라하면, '연봉 두 배 올리기'는 어느새 현실로 성큼 다가와 있을 겁니다.

성실함이 무기가
될 수 있음을 믿어요

대만의 경제는 현재 고공행진 중입니다. IMF는 세계경제전 망 보고서에서 2022년 한국의 1인당 GDP를 3만 3,590달러, 대만을 3만 5,510달러로 전망했지요. 차이잉원 대만 총통은 "대만의 1인당 GDP가 19년 만에 한국을 추월할 것으로 보인 다"라고 발표했습니다.

이러한 성장의 중심에는 대만을 먹여살리는 전 세계 반도체 위탁 생산 분야 1위 기업 TSMC, 그리고 TSMC 창립자 모리 스 창이 있습니다. 그의 우직한 성실함이 없었다면 이처럼 영향력이 큰 기업을 일궈낼 수는 없었을 겁니다.

'성실함'이 무기가 될 수 있을까?

 1931년 중국 저장성에서 지방관리의 아들로 태어난 모리스 창은 힘든 환경에서 자랐지만, 꿈과 열정을 가지고 꾸준히 노력했습니다. 그는 중국의 국공내전과 중일전쟁을 피하고자 홍콩을 거쳐서 1949년 미국으로 이주하지요. '장중마오'(張忠茂)라는 이름을 가졌던 그는 미국에서부터 모리스 창으로 불리게 됩니다. '아메리칸 드림'을 꿈꾸며 누구보다 열심히 공부해 하버드 대학에 입학했다가, 공학에 관심을 가져 세계적인 공과대학 매사추세츠 공과대학(MIT)으로 옮긴 뒤 기계공학 석·박사학위를 수료합니다. 이후 1958년, 반도체 산업에서 선도적인 위치에 있던 미국 '텍사스 인스트루먼트'(TI)에 엔지니어로 입사한 후 본격적으로 반도체를 연구하지요.

 회사에서 기술적인 발전을 이뤄내 능력을 인정받은 모리스 창은 1978년엔 부사장 자리까지 오르게 됩니다. 그런데

1986년, 회사에서 나와 창업을 택한 이유는 대만 정부의 권유 때문이었지요. 대만에서 반도체 산업을 이끌어주지 않겠냐는 제의를 받자 TSMC를 창립해 파운드리 사업을 하기로 마음먹었고, 대만 정부의 적극적인 지원에 힘입어 규모를 불릴 수 있었습니다.

　파운드리는 반도체의 생산만 담당하는 것을 뜻합니다. 즉 애플, 퀄컴, 앤비디아 같은 팹리스 회사가 설계도를 넘겨주면 해당 설계도를 바탕으로 위탁 생산을 하는 것이지요. 파운드리와 반대 개념인 팹리스는 생산은 하지 않고 설계와 기술 개발만 담당합니다. 미국 IBM 등 종합반도체기업은 큰 규모를 무기로 기술 이전을 압박하는 등 작은 팹리스 회사의 경영을 방해하곤 했지요. 반도체 산업 구조를 잘 아는 모리스 창은 경쟁에서 밀리지 않기 위해 순수 파운드리 개념을 생각해냈고, 안정적인 사업 환경을 구축했습니다.

"나는 성공과 실패 여부를 경영을
가늠하는 기준으로 삼지 않는다.

인생에서 가장 후회되는 게 뭐냐고 묻는다면

실패했다고 성실함을 버려도 되는 것은 아니며,
그렇게 생각한다면 이는 잘못된 생각이다"

이러한 토대를 기반으로 TSMC가 성공한 핵심적인 이유는 무엇보다 모리스 창의 신뢰를 주는 경영입니다. 치열한 세계 반도체 시장에서 설계도의 기밀 유지는 팹리스 기업의 생사가 달린 문제입니다. 생산 능력이 뛰어난 파운드리 기업이 자칫 모방할 위험이 있기 때문에 상호간의 신뢰가 특히 중요한데, 그는 이 부분을 절대로 간과하지 않았습니다.

직원들은 근무 중 카메라가 있는 휴대폰과 USB 메모리 장치를 휴대할 수 없으며, 회사의 문서를 개인 메일 주소로 보내는 것도 금지됐지요. 데이터의 안전을 위해서 화장실에 갈 때도 카드를 찍어야 했고, 규정을 어긴 게 적발되면 윗선에 보고됐습니다. 모리스 창은 도덕성을 바탕으로 성실함을 갖춰야만 훌륭한 비즈니스를 할 수 있다고 생각했지요.

실제로 그가 직접 작성한 TSMC의 10대 경영이념 제 1조가 '성실성'입니다. 이는 승진 자격에서도 우선순위로 고려되는 부분으로, 아무리 유능한 인재라도 성실하지 않다고 판단되면 승진할 수 없었지요.

사람들은 TSMC가 생산한 반도체의 웨이퍼를 절개해보면 1인치마다 '성실성'이 새겨져 있다고 말했습니다. 성실함을 무기로 신뢰를 쌓아서 전 세계 반도체 생산 시스템에서 우위를 점한 TSMC는 2022년 1분기 전 세계 파운드리 시장에서 점유율이 53.6%에 달할 정도로 막강한 영향력을 자랑합니다. 특히 자동차용 반도체의 경우 전 세계 공급의 70%를 맡고 있어 사실상 시장을 독식하고 있지요.

> "TSMC가 없었다면 스마트폰이
> 그렇게 일찍 세상에 나오지 않았을 것이다.
> 우리는 수십억 지구인의 생활방식을 바꿨다"

TSMC를 임직원 수 6만 5천 명의 대기업으로 키워서 대만을 반도체 강국으로 만든 모리스 창은 2018년 87세의 나이로 은퇴했지요. 그는 은퇴 기자회견에서 "나의 황금기는 60세부터 비로소 시작됐다"라고 말했습니다. 노년에 화려한 성공을 거둔 모리스 창을 보면, 젊을 때부터 몸담은 분야에서 꾸준히 노력해 충분한 준비가 된 사람에게 나이는 숫자에 불과하다는 것을 알 수 있습니다.

누군가가 장점을 물어볼 때 '성실함'이라고 답하는 건 어딘가 밋밋하게 느껴지지요. 유머감각이 있다거나, 싹싹해서 누구에게나 쉽게 사랑받는다는 점이 더 매력적인 답변 같지요. 하지만 사실 다른 모든 장점도 성실함이 없다면 그 빛을 쉽게 잃어버리고 맙니다. 모든 일에서 성과를 이루는 토대, 즉 성공하기 위해 가장 중요한 요소, 모리스 창처럼 세상을 바꾼 거물도 강조하는 건 바로 우직한 성실함이란 것을 명심해야 합니다.

언제나 즐거운 삶을 사세요, 기적은 그때 찾아옵니다

일본의 기업가 마에자와 유사쿠가 기획한 프로젝트 '디어문'(dearMoon) 는 영국 사진작가 카림 일리야, 인도 배우 데브 조시 등 선발된 8인의 아티스트들이 함께 일론 머스크의 스페이스 X가 2023년에 달로 발사하는 첫 유인우주선을 타고 달로 떠나는 계획입니다.

마에자와가 전액 경비를 부담하는 이 여행의 지원자로 249개 국가 및 지역에서 백만 명이 넘게 몰려서 화제가 되었습니다. 그는 뛰어난 예술적 재능을 가졌을 뿐만 아니라 여행을 통해 성장하여 인류와 사회에 공헌할 수 있는 사람들을 선발했으며, 이들에게 돌아온 뒤 관련 작품을 남기게 할 예정이라고 밝혔지요. 이처럼 기발해 보이는 일을 적극적으로 꾸미는 마에자와는 자신의 성공 비결로 '즐거움'을 꼽았습니다.

"언제나 즐거운 삶을 사세요"

1975년 일본 지바현에서 태어난 마에자와는 재미없는 건 절대 하지 않았습니다. 명문인 와세다 실업고에 다닐 때에도 탄탄하고 안정적인 삶에 관심이 없던 그는, 졸업 후 평소 좋아하던 음악을 좇아 미국으로 갑니다. 미국에서 좋아하는 밴드의 공연을 듣고 음반을 수집하는데, 그러다 문득 아이디어를 떠올리지요. '이거, 나만 듣기 아까운데 일본에서 팔아볼까?'

생각을 현실로 만들고자 떠난 지 반년 만에 귀국한 그는 1995년, 미국에서 수입한 음반을 우편으로 주문받아 판매하기 시작합니다. 사업이 커지자 이를 바탕으로 온라인으로 CD를 판매하는 유한회사 '스타트 투데이'를 설립하지요.

남다른 추진력으로 혁신을 추구하는 마에자와에게 사업은 짜릿한 놀이 같았습니다. 즐겁게 몰두한 그는 2004년, 의류 사업까지 손을 뻗어 온라인 의류 플랫폼 '조조타운'을 세우지요. 뜨거운 반응으로 2007년 상장해 30대 초반이던 마에자와는 일본 최연소 억만장자가 됩니다. 이후에도 빠르게 성장한 조조타운은 10년 뒤 시가총액 10조 원을 넘어서게 되는데, 성공 비결은 판매자도, 고객도, 직원도 즐거운 플랫폼을 만드는 그의 경영이었습니다.

**"나에게 일이란 좋아하는 것을 할 수 있는 멋진 액티비티다!
진심으로 즐기는 일을 해야 성과를 낼 수 있다."**

마에자와는 온라인 쇼핑이 낯선 일본인에게 즐거움을 주고자 했습니다. 그래서 제품의 90% 이상을 신상으로 채우고, 고객의 접속 기록에 따라 맞춤형 메시지를 발송하는 인공지능형 마케팅 방식, 구매 후 두 달까지 결제를 미루는 제도를 도입하는 등 변화가 느린 일본 사회에서 참신함으로 승부합니다.

그뿐만 아니라 야근이 당연하게 여겨지던 2010년대, '하루 6시간 근무제'를 시행해 직원들의 호응을 얻습니다. 직원들의 삶의 질이 높아져야 생산성도 오를 거라고 예상한 그의 판단이 적중해 이후 생산성이 25%나 오르지요. 이처럼 남다른 전략으로 조조타운은 패스트 패션부터 고급 브랜드까지 6천 여 개 브랜드가 입점하고, 연간 7백만 명이 이용하는 일본 최대 온라인 의류 플랫폼이 됐습니다.

2019년, 마에자와는 남은 인생을 여유롭게 보내고자 자사 주식 대부분을 매각하고, 대표직을 내려놓은 뒤 유튜버가 됩니다. 1조 원이 넘는 통장 잔고를 인증하고, 1천억 원을 들여서 떠난 우주여행 브이로그 등 독보적인 콘텐츠로 구독자 100만 명 달성 시 주어지는 '골드 버튼'을 달았지요. 다음 콘텐츠의 주제는 아마 '달 여행'이 될 것입니다. 어릴 때부터 달을 사랑한 그는 여행을 통해 즐거움을 누리고, 세상에도 기여하겠다고 당당히 선언했습니다.

우리는 학생 때부터 성공하기 위해서는 "하기 싫은 일도 꾹

참고 해야 한다"라는 말을 듣곤 했습니다. 하지만 하기 싫은 건 과감히 뒤로한 채, 하고 싶은 것에 진심으로 몰두하여 성공을 이룬 마에자와를 보면 인생에는 정답이 없음을 알 수 있지요. 지금 하기 싫은 일을 억지로 하느라 불평하고 있다면, 그를 보며 즐겁게 살아가는 태도를 배우는 게 필요합니다. 이전엔 미처 보지 못했던 새롭고 재밌는 일들이 기다리고 있을지 모릅니다.

성공은 포기하지 않는
사람의 몫이지요

이탈리아의 도시 피렌체에는 거대하고 아름다운 랜드마크가 있습니다. 도시 어느 곳에서나 보이는 산타마리아 델 피오레 대성당. 그 독특하고 우아한 커다란 돔, 두오모를 완성한 건축가는 바로 필리포 브루넬레스키입니다. 르네상스 건축 양식을 창시해 당시 건축의 부흥을 이끌었던 그가 위대한 건축가로 불리는 이유는, 기존 양식을 과감히 탈피하고 새로운 돔 형태를 설계하고 구축했기 때문입니다.

15세기 이전까지 유럽에서 흔히 볼 수 있는 건축물들은 드 높은 탑을 쌓아 올리는 고딕 양식이었습니다. 하늘을 향해 끝 없이 솟은 듯한 높고 뾰족한 탑과 같은 형태였지요. 하늘을 지 향하는 건축물은 신이 깃드는 공간이니 화려해야 하고, 커다 란 창문을 투과하는 빛을 활용한 멋진 스테인드글라스 또한 필수 요소였습니다. 피렌체의 브루넬리스키는 그러나 이 고딕 양식을 벗어나, 그 시대에는 불가능해 보였던 돔을 구현해 완 성했지요. 예술가의 삶을 쓴 바사리는 책에 이렇게 남깁니다.

"그는 이 땅의 건축술 부흥을 위해 하늘에서 보낸 사람임 에 틀림없다."

문화 부흥기였던 르네상스를 말할 때 다 빈치, 미켈란젤로, 라파엘로 등 수많은 인물들이 언급되는데, 브루넬레스키는 그 들에게도 심오한 영향을 미친 위대한 인물이었습니다. 미술과 건축에 있어 원근법의 원리를 온전히 이해하고 최초로 전파한 인물이기도 했지요. 그러나 그의 대단한 업적에 뒤에 숨겨진 그의 삶을 들여다보면, 그가 어떤 실패를 했고 어떤 역경을 지나야 했는지 알 수 있습니다.

공증인의 아들로 태어난 그는 손재주가 탁월했다고 합니다. 뛰어난 금세공인으로서 처음 장인의 길에 들어선 그는 1401년, 하늘이 내린 기회를 만났지요. 조반니 세례당을 새롭게 선보이려는 공모가 진행되었는데, 미술가 7명이 이 공모에 참여했고 브루넬레스키와 기베르티가 최종 후보로 남았습니다. 그리고 그 유명한 '이상의 희생'이라는 같은 주제로 그들만의 조각을 만들어 겨루었지요. 결과는 기베르티의 승리. "너무나 아름다워 천국 입구에 그저 서 있고 싶다"라고 미켈란젤로가 극찬한, 지금은 '천국의 문'이라 불리는 청동 조각상이었습니다.

크게 상심하고 자존심이 구겨진 브루넬레스키는 이후 조각을 뒤로하고 피렌체를 떠나 로마로 유학을 떠납니다. 공동 작업을 건의한 심사위원의 만류에도 불구하고 말이지요. 약 17년의 세월이 흘러, 피렌체에서는 또다시 세기의 대결이 펼쳐집니다. 바로 1296년에 건립이 시작되었지만 여전히 미완공 상태이던 산타마리아 델 피오레 성당의 돔 설계 경합이

1418년에 벌어진 것입니다.

"절망하지 않는다면 언젠가는 반드시 성공을 만날 수 있다"

불가능하다고 여겨졌던 돔을 완성하기 위한 묘책을 브루넬레스키는 알고 있었고, 이때 우리에게 '콜럼버스의 달걀'로 알려진 바로 그 일화가 탄생합니다. 경쟁자들과 경연 위원들이 함께 있는 자리에서 그는 달걀을 두고, "달걀을 세울 수 있는 사람이 성당의 돔을 만들 수 있다"라고 제안합니다. 그 자리에 있던 경쟁자들이 모두 실패한 후 그는 달걀 끝부분을 깨트려 달걀을 세워버립니다. 그 광경을 보던 모두가 "그런 식이라면 누구라도 할 수 있었겠다"라고 말하자, 브루넬레스키는 "그렇다면 돔 설계를 완성할 수 있는 내 지식을 알게 된다면 누구라도 완성할 수 있겠구료"라며 당당히 대꾸했습니다. 우여곡절 끝에 브루넬레스키는 돔 건축을 의뢰받아, 세기의 위대한 건축물의 돔을 설계하고 완성하기에 이릅니다.

브루넬레스키가 무엇보다 위대한 이유는, 건축물을 완성해 낸 천재적인 능력 덕분이기도 하겠으나 조각가로 실패했다고 생각한 뒤 과감히 그 길을 접고 17년이라는 시간 동안 또 다른 분야에 매진했기 때문입니다.

물론 이러한 그의 인생을 보며, 실패했을 때마다 바로 포기하고 무조건 다른 길을 찾으라는 뜻은 아닙니다. 르네상스의 꽃을 피우고 걸작을 완성한 혁명가였던 그의 인생을 거울 삼아, 새로운 시도를 마다 않는 도전자의 정신을 배우고 스스로 미래를 개척하는 인생의 주도자가 되는 힌트를 찾을 수 있을 것입니다.

"나는 이미 완공된 돔의 모습을 그리고 있다"

그는 주변 건축가들에게 이렇게 말하곤 했습니다. 무엇인가를 이루기 위해 목표를 세우고 그려보면서 이미 삶의 변화는 시작됩니다. '꿈은 꿈꿔본 자들의 것이다'라는 말처럼, 끊임없이 매진하고 배우고 준비하면서 시간과 노력에 대한 자신감이 하루하루 붙게 됩니다. 그러한 자신감을 통해 우리의 실행력은 속도를 타게 됩니다. 르네상스시대의 17년은 지금의 30년과 같을 정도로 인간의 평균수명도 짧았는데도 불구하고, 치열하게 고민하고 배우며 목표를 이루었기에 그의 삶이 더욱 빛나는 것입니다.

브루넬리스키의 목표를 향한 열정은 전기 작가인 마네티가 그에 대해 언급한 부분에서도 찾아볼 수 있습니다. 그는 브루넬레스키가 최초로 정확한 스프링 시계를 발명했고, 돔 건립에 참여한 인부들에게 사상 최초로 급료를 시급으로 지불했다고 썼습니다. 브루넬레스키는 시간관리와 자기관리뿐만 아니라 노동 또한 중시하며 앞서갔던 것입니다.

지금의 내 삶을 또다시 돌아보게 됩니다. 누구에게나 똑같이 주어진 시간 속에서 우리는 어떤 것에 집중하고 에너지를 쓰고 있는지, 시간을 낭비하고 있지는 않는지, 삶에서 목표 없는 무의미한 시간을 쓰고 있지는 않은지 늘 고민하고 점검해야 합니다. 실패는 새로운 시작을 위한, 가장 위대한 동기부여 장치라고, 브루넬레스키는 그의 실패와 성공, 예술과 삶에서 이렇게 말해주고 있는 듯합니다.

삶을 이겨낸 사람들의 인생 문답

"훌륭한 생각, 멋진 아이디어를 가진 사람은 많다. 그러나 행동으로 옮기는 사람은 드물다." -커넬 샌더스

"진정한 인간적 사회는 노인도, 아이도 모두 배우는 사회다." -에릭 호퍼

"다른 사람의 인생을 살기 위해 시간을 낭비하지 마라. 중요한 것은 가슴과 직관을 따르는 용기를 갖는 것이다." -스티브 잡스

"우리는 우리가 이루고자 하는 궁극적 목표에 기여하지 않는 수많은 것들에 대해 '하지 않을 것입니다' 라고 말할 수 있어야 합니다." -허브 켈러허

"성공도 우연이 아니고, 실패도 우연이 아니다." -브라이언 트레이시

"나는 성공과 실패 여부를 경영을 가늠하는 기준으로 삼지 않는다. 실패했다고 성실함을 버려도 되는 것은 아니며, 그렇게 생각한다면 이는 잘못된 생각이다." -모리스 창

"나에게 일이란 좋아하는 것을 할 수 있는 멋진 액티비티다! 진심으로 즐기는 일을 해야 성과를 낼 수 있다." -마에자와 유사쿠

"나는 이미 완공된 돔의 모습을 그리고 있다." -브루넬레스키

오늘, 지금 이 순간을 버리지 마세요
세상은 오늘이 모여 바뀌니까요

_____

_____

_____

그 무엇보다 절대로, 자신을 포기하지 마세요
아직 때가 오지 않았을 뿐이니까요

4장

시기를
놓쳤다면

언제나 나는
나 자신이 되고 싶었을 뿐이에요

아시아인 최초로 아카데미 음악상을 수상했고, 골든 글로브와 그래미 상까지 받은 인물이 있습니다. 드뷔시와 바흐를 깊이 공부했지만 클래식뿐 아니라 전자음악으로도 널리 사랑받는 음악가이지요. 여기에서 그치지 않습니다. 여러 영화에 출연한 배우이자 모델 그리고 예능까지 섭렵한 방송인, 그야말로 다재 다능하고 만능인 이 사람. 바로 진정한 하이브리드 예술가 류이치 사카모토의 이야기입니다.

1952년 도쿄에서 태어난 사카모토가 음악에 흥미를 느낀 건 유치원 때부터였습니다. 선생님이 토끼를 길러본 마음을 노래로 표현해보라고 했고, 호기심에 곡을 만들어 친구들 앞에서 선보였을 때 아주 큰 행복감을 느꼈지요. 그는 그때부터 피아노를 배우기 시작합니다. 본격적으로 피아노를 배우며 음악의 길로 들어섭니다. 자기 마음이 시키는 일을 남보다 빠르게 깨달은 셈입니다.

다른 사람보다 자신에게 집중하는 사카모토의 성향은 1971년 도쿄예술대학에 들어가면서 더욱 두드러집니다. 엄격한 작법에 따라야 하는 클래식 작곡 시험을 한 시간도 안 들여 마무리하고 강의실 밖으로 나가버린다거나, 음악하는 친구들보다 연극단원들이나 미술과 학생들과 어울린다거나, 공학부 연구실로 찾아가 컴퓨터로 모차르트를 연주하는 등 마음이 향하는 곳으로 움직였지요. 그런 그에게 어느 날 기회가 찾아옵니다. 주점에서 피아노를 치며 돈을 벌던 그는 한 밴드 멤버로 들어오라는 제안을 받게 되었지요.

1978년 사카모토는 3인조 테크노 그룹 '옐로우 매직 오케스트라'로 데뷔, 컴퓨터와 음악신호를 전자음으로 변환하는 악기인 신시사이저를 사용하는 혁신적인 음악을 선보입니다. 한국에서 최근 역주행 중인 신스팝, 바로 1980년대 일본에서 류이치 사카모토와 호소노 하루오미, 다카하시 유키히로가 작업했던 음악입니다. 당시 일본에서도 생소했던 음악이었는데 의도치 않게 해외에서 뜨거운 반응을 얻어 월드투어를 하게 되는 기현상이 벌어집니다. 돈도 인기도 모두 가질 수 있는 최고의 기회가 그에게 온 것이지요. 그러나 사카모토는 인기 스타로 살면서 대중이 원하는 대로 살기는 싫었습니다. 원하는 음악을 하면서 삶의 순간순간을 스스로 선택하고자 했지요. 그래서 밴드 활동을 그만두고 새로운 분야로 도전하게 됩니다. 바로 영화 음악입니다.

"언제나 나는 나 자신이 되고 싶었을 뿐
어디에 속하는 음악가가 되기 싫었다."

영화는 몰라도 OST를 들으면 '아~' 하며 낯익게 느끼는 음악이 있습니다. 'Merry Christmas Mr. Lawrence'. 이 곡으로 사카모토는 영화 음악인으로서 이름을 널리 알리게 됩니다. 여기에는 재미난 에피소드가 있습니다. 사카모토는 원래 〈전장의 메리 크리스마스〉(1983) 배우로 출연 제의를 받았는데, 그는 감독에게 영화 음악도 맡겨달라고 했고 감독은 이 제안을 수락합니다.

〈마지막 황제〉(1987)의 'Rain'도 비슷합니다. 사카모토가 배우로서 모든 촬영을 마치자 베르나르도 베르톨루치 감독이 갑자기 영화 음악을 부탁합니다. 사카모토는 음악을 맡게 될 줄은 꿈에도 몰랐고, 베르톨루치 감독의 팬이었던 그는 행복한 마음으로 철야 작업을 거쳐 2주 만에 마흔네 곡의 OST를 발표합니다. 그 결과 아시아인 최초로 아카데미 음악상을 수상하고 골든글로브 음악상까지 받으며 거장의 반열에 오르게 됩니다.

사카모토 류이치는 한국과도 인연이 깊습니다. 그가 오랫동안 동경한 인물은 바로 미디어 아티스트 백남준입니다. 그는 10대 때 잡지에서 백남준을 처음 접했고, 뉴욕 최전방에서 활약하는 모습을 보며 그를 존경하고 흠모하기 시작하지요. 그의 깊고 오래된 존경심을 알아보았던 것일까요? 훗날 백남준은 사카모토를 처음 만나자마자 다짜고짜 포옹했고, 사카모토는 마음이 통했다고 느낍니다. 실제로 만나온 시간과 회수에는 상관없이, 영혼이 교차하는 비슷한 사람끼리는 한눈에 알아보는 법인가 봅니다.

평생 30편의 영화 음악을 맡았고, 800곡이 넘는 곡을 작업한 사카모토 류이치는 섬세한 선율에 감정의 진폭을 담아낼 뿐만 아니라 클래식, 일렉트로니카, 월드 뮤직까지 다양한 음악적 시도를 계속해서 선보이며 여전히 변화하고, 성장하고 있습니다. 음악을 사랑하지 않았다면, 마음이 이끄는 대로 나아가지 않았다면 이 모든 것을 해낼 수 있었을까요? 말기 암으로 투병 중이었을 때도 그는 지금도 가장 하고 싶은 건 그저 음악이라고 말했습니다.

2023년 3월 28일 봄, 이 위대한 예술가가 이 생에서의 삶을 마치고 먼 여행을 떠났습니다. 피아니스트, 전자음악 밴드, 영화배우, 영화음악가, 사회운동가 등 다방면에 큰 발자취를 남긴 거장의 삶은 언뜻 한 가지 실로 꿰어지지 않을 듯한 삶을 산 것처럼 보입니다. 그러나 별세 전 그가 남긴 말은 그의 삶을 하나로 잇는 듯합니다.

"독창성은 바로 자기 안에 있다."

"행복이 이끄는 삶을 사세요"

좋아하는 일을 하면 행복해진다고 하지만, 스스로 무엇을 좋아하는지 도무지 모르는 경우도 많습니다. 분명 가슴 뛰고, 즐거웠던 무엇인가가 있었던 것도 같은데, 쉼 없이 살아내다 보니 그 무엇을 기억조차 못할 만큼 잊고 지내는 사람도 많습니다. 모두가 사카모토 류이치처럼 자신의 마음을 정확히 아는 것은 아니겠지요. 자신의 마음을 들여다보고, 삶에서 실천하기란 더 쉽지 않겠지요. 그래서 매순간 스스로에게 던지는 질문이 필요합니다. 그 과정을 통해 나 자신과 더 친해지고, 솔직해져야 합니다.

끊임없이 스스로를 탐구하는 삶, 그것이 사카모토 류이치가 평생을 지치지 않고 다방면에 매진할 수 있었던 원동력이 아닐까요? 좋아하는 일에 집중하는 건 나 자신에게 가까워진다는 뜻입니다. 긍정심리학의 아버지인 마틴 셀리그먼(Martin Seligman)도 행복한 삶의 필수요건으로 '자신에게 집중하는 삶'을 꼽았습니다. 그러니 '행복이 이끄는 삶을 사세요'라는 말은 어쩌면, '스스로에게 집중하는 삶을 사세요'와 다르지 않은 말일지도 모릅니다.

나는 항상
내가 해낼 것임을 알았어요

1994년 발매 이후 매년 연말이 되면 빠지지 않고 거리에서 울려 퍼지는 노래가 있습니다. 누적된 저작권 수익만 9백억 원이 넘는 것으로 알려져 있지요. 5옥타브를 넘나드는 음역대로 뛰어난 가창력을 자랑하는 세계 최고의 디바, 대중음악 역사상 가장 성공한 캐럴을 부른 가수 머라이어 캐리입니다.

그는 누구보다 자기 확신을 가진 사람이었습니다. 스무 살 때부터 노래를 직접 만들어, 가장 많은 빌보드 차트 1위 곡을 낳은 여성 작곡가로도 이름을 알려왔지요. 한국인에게도 널리 알려진 'Emotions', 'Hero', 'Bye Bye' 모두 머라이어 캐리에게서 탄생한 곡들입니다. 스스로에 대한 믿음과 가능성이 없었다면 불가능한 일이지요.

**"인생에서 어떤 일을 겪든 포기하지 마세요.
내면의 힘을 찾아야 합니다."**

머라이어 캐리는 1970년, 뉴욕주 헌팅턴에서 베네수엘라 혈통 흑인 아버지와 아일랜드 혈통 백인 어머니의 셋째 아이로 태어났습니다. 3살 때 부모님이 이혼한 뒤 어머니와 살면서 가난으로 13번 이사를 다녔고, 폭력적인 언니와 오빠는 자신들보다 캐리의 피부색이 밝은 걸 질투해서 화상을 입힐 정도로 괴롭혔다고 합니다.

학교에서도 외롭기는 마찬가지였습니다. 흑인도 백인도 아닌 모호한 정체성을 가진 캐리는 어떠한 무리와도 제대로 어울리지 못하고 늘 혼자라고 느꼈으니까요. 한번은 친구라고 믿었던 백인 여자애들이 캐리를 으슥한 곳으로 데려가 '깜둥

이'라고 놀리며 괴롭혔습니다. 어찌할 줄 몰랐던 캐리는 혼자 그곳에 남아서 올 수밖에 없었습니다.

그런 캐리에게 유일한 안식처는 바로 음악이었지요. 어느 날 친구에게 "네 목소리 속에는 악기가 있다"라는 칭찬을 받습니다. 이때 살면서 처음으로 누군가에게 인정받는 기쁨을 느낀 캐리는 1987년, 고등학교를 졸업한 뒤 가수가 되기로 결심합니다. 바로 데뷔를 할 수는 없었기에 브렌다 K. 스타의 백업 싱어로 일하면서 하나둘씩 무대 경험을 쌓기 시작하지요.

"절대로, 절대로 당신을 단념시키려고 하는
다른 사람의 말을 듣지 마세요"

"왜 너 같은 애가 내 뒤에서 노래하고 있는 거지?"
천재적인 캐리의 실력에 감탄한 브렌다가 건넨 말입니다. 백업 싱어로 일하기는 너무 아깝다고 생각한 브렌다는 굵직한 컬럼비아 레코드사의 사장인 토미 모톨라에게 캐리를 소개하는데, 캐리의 노래를 듣자마자 메가 히트를 직감한 모톨라. 그는 바로 계약을 추진하고, 캐리는 1990년 자신의 이름을 타이틀로 내건 데뷔 앨범을 발표해 단숨에 빌보드 앨범 차트 1위를 차지하게 되지요. 사람들은 전설적인 가수 휘트니 휴스턴의 라이벌이 나타났다고 입을 모아 말했습니다. 다른 누군가와 비교하지 않았으면 좋겠다고 당당히 밝힌 캐리는 3집과 4집, 크리스마스 캐럴 앨범까지 연이어 흥행시키는 데 성공하지요. 이 즈음 자신을 발굴해준 모톨라와 결혼까지 해서 누구보다 완벽한 삶을 사는 듯 보였습니다.

　하지만 실은 감옥 같았던 결혼 생활이었습니다. 스무 살 연상인 모톨라는 집 곳곳에 경비원과 감시 카메라를 두고 자유롭게 외출하는 것, 다른 사람과 얘기하는 것을 금지할 정도로 캐리에게 과도하게 집착했지요. 포로가 된 기분이었으나 가요계의 거물을 상대로 저항할 수 없던 캐리는 현실을 견디며 묵묵히 일할 뿐이었습니다. 하지만 진지하게 이 관계를 끝내야 한다고 조언한 다른 아티스트들 덕분에 정신을 차리고 용기를 냅니다. 마침내 결혼한 지 5년 만에 이혼한 뒤 레코드사와의 계약도 해지합니다.

다른 레코드사를 만나 계약한 뒤 캐리는 2001년 영화 〈글리터〉로 화려하게 재기하려 했지만 위기는 쉽게 끝나지 않았습니다. 〈글리터〉는 흥행과 작품성에서 모두 실패하고 그해 최악의 여배우로 선정된 캐리는 완전히 지쳐버렸는데, 이듬해 발표한 앨범까지 참담한 실적을 거뒀으니까요. 기대만큼의 실적이 나오지 않자 레코드사는 계약을 해지하고, 그렇게 캐리는 세상에서 쓸쓸히 잊히는 듯했습니다. 그렇다고 여기서 포기할 순 없었습니다.

"나는 항상 내가 해낼 것임을 알았다.
단지 시간 문제일 뿐이라는 것도 알고 있었다."

2005년, 10집을 들고 화려하게 복귀한 캐리! 넬리, 퍼렐 윌리엄스 등 유명 뮤지션과의 협업을 통해 트렌디한 팝 음악을 선보인 이 앨범은 역작이라는 평가를 받습니다. 특히 수록곡 'We Belong Together'는 '빌보드 싱글 차트 14주간 1위'라는 어마어마한 기록을 세우며 캐리가 아직 건재하다는 걸 세상에 알릴 수 있었지요.

이후 또다시 결혼과 이혼을 거듭하고 성대 결절로 가창력 논란에 휩싸이기도 하는 등 여러 굴곡이 있었지만, 최고의 아티스트인 머라이어 캐리는 52세인 지금까지 우리에게 멋진 노래를 들려주고 있습니다. 데뷔 30주년을 맞이한 2020년엔 자서전을 출간해 불행했던 과거까지 속속들이 공개하기도 했습니다. 시련이 있을 때마다 더욱 단단해진 모습으로 많은 이들에게 희망을 주는 캐리, 그리고 아무도 쉽게 따라 할 수 없는 그의 노래는 영원히 우리의 마음을 울릴 것입니다.

인생이 매순간 잘 풀릴 수는 없습니다. 우리는 누군가에게 큰 상처를 받고, 바보 같은 실수를 반복하고, 열심히 노력했지만 참담한 결과를 맞이하기도 하면서 하루하루를 살아가지요. 그럴 때면 내가 한없이 초라해 보여 앞으로 나아가는 것이 어렵게만 느껴집니다.

그럴 때일수록 "나는 원하는 것을 해낼 수 것이다"라고 자신 있게 외쳐야 합니다. 엉뚱하고 근거 없는 소리에 불과해 보여도, 마법의 주문이 되어 나를 더욱 행복한 곳으로 이끌어줄 것입니다. 어떠한 상황에 처하더라도 자신감을 잃지 않았기에 끝내 화려하게 도약할 수 있었던 머라이어 캐리처럼요.

내 갈 길은
내가 찾아서 걸어가야 해요

한국 사회는 1970년대까지만 해도 머리 기른 남자, 짧은 치마를 입은 여자가 경찰서에 끌려갔을 정도로 획일적인 분위기였습니다. 그런데 그보다 한 세대 앞선 1900년대 초반, 당당히 자신의 길을 걸었던 여자가 있었지요. 시인 장석주는 주체적인 그를 두고 "낡은 세계에 너무 일찍 도착한 선각자"라고 표현했습니다. 한국 최초의 여성 서양화가, 여성 인권을 주장한 사회운동가, 세계 여행을 다닌 자유로운 작가 나혜석입니다.

"내 갈 길은 내가 찾아 얻어야 한다"

1896년, 경기도 수원의 상류층 집안에서 태어난 나혜석은 고등학교에 들어가기 전까지 이름을 갖지 못했습니다. 영아 사망률이 높던 시기였고, 딸은 건강히 자라도 제대로 된 이름이 없기 다반사였지요. 줄곧 '아기'란 뜻의 별명 '아지'로 불리던 소녀는 15살이 돼서야 '명순'이란 이름을 얻게 됩니다. 고등학교를 졸업할 즈음에 밝고 순하다는 뜻의 명순에서 '구리, 주석 석' 자가 들어간 '혜석'으로 이름을 직접 바꿉니다. 그러면서 앞으로 더욱 단단하게 살겠다는 의지를 품었을 듯하네요.

1910년대 조선, 교육을 받는 여성의 목표는 다름 아닌 '현모양처'가 되는 것이었습니다. 친구들이 다들 좋은 혼처를 찾고자 분주하게 움직일 때, 혜석은 누군가의 아내로 살기 이전에 자신의 길을 걷고 싶었지요.

마침 혜석의 재능을 눈여겨 보던 둘째오빠의 조언대로 일본 유학길에 올라 도쿄 사립여자미술학교에서 서양화를 전공하게 되는데, 이 선택 덕분에 100년이 지난 지금 우리는 '이건희 컬렉션'에서 그의 그림을 볼 수 있게 됩니다.

시대를 대표하는 작가로도 이름을 떨친 혜석의 대표작은 단편소설 〈경희〉입니다. 주인공 경희는 공부를 더 하고 싶었으나 주위로부터 결혼을 강요받아 갈등하지요. 하지만 결혼은 자신이 원할 때 직접 선택해야 함을 단호히 밝히며, 당시 결혼이 전부라고 생각하던 젊은 여성들에게 자아실현을 꿈꾸라는 메시지를 던집니다. 여성으로서 자의식과 공적 책임을 품은 그가 최초로 발표한 글 〈이상적 부인〉도 여성 인권에 관한 내용이었지요. 세상에 여성 롤모델이 없으며, 현모양처 담론은 여성을 노예로 만들기 위한 것에 불과하다는 거침없는 비판이 담겨 있었습니다.

계속된 글쓰기는 혜석을 행동으로 이끌었습니다. 졸업 후 귀국한 그는 1919년 3·1운동에 가담해 여성 리더로서 여성들이 활동 자금을 마련하고, 독립운동 단체와 연락을 취해 만세 운동에 참여하도록 하지요. 이 선택으로 인해 일본 경찰에게 붙잡혀 5개월간 감옥에 갇히는 고통을 견뎌야 했지만, 이젠 어떤 일이든 감당할 수 있겠다는 자신감을 얻게 됩니다.

감옥에서 나온 뒤 혜석은 1920년, 자신을 오랜 시간 좋아한 남자 김우영의 청혼을 받아들입니다. 단, 조건이 있었지요. 첫째, 평생 나만 사랑할 것. 둘째, 그림 그리는 걸 방해하지 말 것. 셋째, 시어머니와 따로 살 것. 우영은 혜석의 뜻을 존중해서 그렇게 하겠다고 약속하는데, 둘은 나중에 첫 아이 이름도 부모 성을 모두 딴 '김나열'로 지으며 평등한 부부로 나아가지요.

1921년, 결혼생활 중 혜석은 만삭의 몸으로 유화 개인전을 열어 큰 화제가 되었습니다. 그림 그리는 여성을 찾아볼 수 없던 시절이었고, 이는 최초의 여류 화가 개인전이었지요. 이틀 동안 500명의 관람객이 몰리는 대성공을 거뒀습니다. 이처럼 '최초'라는 수식어는 그가 사는 동안 계속됐는데, 그중에는 '최초로 세계를 자유롭게 누빈 여성'이라는 수식어도 있었지요.

가슴속에서 끝없이 불타오르는 예술적 열망을 더욱 꽃피우고 싶었던 혜석은 1927년, 좋아하는 그림을 실컷 보기 위해 남편과 세계여행을 떠납니다. 1년 9개월이라는 긴 시간 동안 부부는 시베리아 횡단열차를 타고 러시아 모스크바에 들른 뒤 프랑스 파리에 머물렀다가, 미국 대륙을 횡단한 뒤 태평양을 건너 부산으로 돌아옵니다.

"나는 나의 이혼을 고백한다, 경성의 모던걸 나혜석"

그런데 이 여행은 혜석에게 1939년, 〈이혼 고백장〉이라는 글을 남기는 계기가 됩니다. 파리에서 머무는 동안 남편은 법률 공부를 하러 베를린으로 갔고, 혜석은 혼자 지내는 시간이 많았지요. 그러다 파리에서 친분을 쌓게 된 최린과 사랑에 빠지게 됩니다. 훗날 이 사실을 알고 남편은 이혼을 요구합니다. 실은 남편에게도 다른 여자가 있었으나 당시 간통죄는 여자에게만 적용이 됐기에 남편은 고소하겠다고 으름장을 놓고, 혜석은 재산과 자식들을 모두 포기한 채 홀로 떠나야 했습니다.

이후 〈이혼 고백장〉을 통해 남편, 나아가 조선 남성을 비판한 혜석. 정작 본인은 정조를 지키지 않으면서 아내에게만 정조를 강요하는 게 모순적이라고 말하지요. 또 응당 함께 책임을 져야 하는 상황을 회피한다는 점을 들며 최린을 상대로 위자료 청구 소송을 겁니다. 이러한 그의 목소리는 보수적인 조선 사회에서 이해받지 못했고, 안타깝게도 뭇매를 맞으며 쓸쓸히 퇴장해야 했습니다.

누구나 시대적 한계를 넘어서서 자유로운 삶을 살기는 힘듭니다. 그렇기에 흔히들 일찍이 결혼하려고 했던 혜석의 친구들처럼 보통의 선택을 따르게 되지요. 반면 주체적인 뜻을 펼치기 위해 노력한 혜석은 도전하고, 부딪치고, 성취했지만 패배했지요.

그러나 큰 좌절을 겪었다 해도 삶은 계속됩니다. 괜찮습니다. 나 자신으로 살기를 포기하지 않는다면 다른 것들은 기꺼이 포기해도 괜찮습니다. 자신의 길을 개척하며 분명히 행복했을 그의 모습은 100년이 지난 오늘날까지 큰 울림을 주고 있습니다.

결국 당신의 몸이
당신을 말해줍니다

　건강과 다이어트에 관심이 있다면 누구나 한 번쯤 등록을
고민하는 운동 필라테스. 많은 이들이 요가와 필라테스를 두
고 비슷한 운동이라고 생각하지요. 둘은 무엇보다 기원과 비
전에서 큰 차이를 찾아볼 수 있습니다. 고대 인도에서부터 전
해 내려와 창시자를 알 수 없으며 심신 단련을 통한 해탈을 목
적으로 하는 요가와 달리, 필라테스는 근육질의 건강한 독일
청년인 조셉 필라테스가 근력을 발달시켜 최적의 체력을 기르
고자 만들었지요. 창시자의 이름을 따서 널리 퍼졌기에 얼굴

은 잘 알려져 있지 않지만 이름은 전 세계에서 누구나 다 아는 남자, 조셉 필라테스입니다.

"행복은 본질적으로 건강에 달려 있다"

1883년 독일에서 태어난 필라테스는 어릴적 병약하고 외로운 소년이었습니다. 천식, 구루병, 류마티스성 열병 등 각종 질병을 달고 다닐 정도로 몸이 좋지 않았고 친구들은 그런 그를 약골이라고 놀렸지요. 신체적 약점을 극복하기로 결심한 그는 운동광 아버지처럼 꾸준히 운동하기로 결심하지요. 스키, 보디빌딩, 요가, 무술 등에 전념하며 체력을 기른 결과 약한 모습은 온데간데 없이 사라지고 건강한 청년으로 성장할 수 있었습니다.

그러다 필라테스의 인생에 큰 위기가 찾아옵니다. 28살에 영국으로 이주하고 2년이 지난 1914년, 1차 세계대전이 발발한 뒤 그는 적국인으로 간주돼 수용소에 갇히게 되지요. 아무것도 할 게 없어 무기력함을 느끼기 쉬운 환경 속에서 그는 장기를 살려서 수용자들에게 간단한 운동을 가르칩니다. 또 부상을 입은 병사들을 위해 침대 스프링을 빼내서 프레임에 걸고, 누워서도 운동할 수 있는 기구를 만들어 재활 운동을 시키는데, 바로 캐딜락, 리포머 같은 필라테스 기구의 원조격이었던 셈이지요.

20세기 최악의 감염병으로 불리는 스페인 독감이 번지던 시기, 열악한 환경에도 불구하고 필라테스의 훈련을 받은 이들 중에선 단 한 명의 사망자도 나오지 않았습니다. 자신이 만든 프로그램이 체력을 기르고 면역력을 향상시킨다는 걸 알게 된 그는 전쟁이 끝난 뒤 1926년, 뉴욕으로 가서 최초의 '필라테스 센터'를 차립니다. 자신의 이름을 따서 'Pilates Studio, Art of Contrology', 즉 '필라테스가 운영하는 조절학 기술'이라는 간판을 내걸었지요.

"온 나라, 전 세계가 나의 이 운동을 해야 한다"

그는 몸과 마음, 정신이 조화를 이루는 게 건강한 상태이며, 자신의 운동법을 규칙적으로 따라하면 누구나 완벽하게 마음으로 신체를 조절할 수 있다고 생각했습니다. 뉴욕의 유명한 댄서와 배우들은 그의 이론을 굳게 신뢰했고, 전설적인 무용수인 마사 그레이엄, 테드 숀까지 그의 스튜디오를 찾아와 톡톡히 효과를 보게 되지요. 그러면서 필라테스는 차차 명성을 얻게 됩니다. 어느 순간부터 운동법이 조절학이 아닌 그의 이름인 '필라테스'로 퍼졌고, 1980년대부턴 대중적인 운동으로 자리잡습니다.

사람들은 건강 식품에 큰 돈을 쓰고 있지만 훨씬 중요한 건 일상에서 근력을 기르는 운동과 올바른 호흡, 자세를 실천하는 등 단순한 규칙을 따르는 것이라고 강조한 필라테스. 그는 최악의 환경인 수용소에서도 건강하고 의미 있는 일상을 꾸리려고 노력했을 뿐만 아니라, 30년 넘게 운동법 계발에 전념했기에 전 세계가 열광하는 운동을 만들 수 있었습니다.

바쁜 일상에서 꾸준히 건강을 관리하기란 물론 힘듭니다. 아프고 나면 건강 관리에 신경을 써야겠다고 생각하면서도 다시 밤 늦게까지 무리해서 일하는 등 해로운 습관을 반복하게 되기도 하지요. 그러면서 생산적으로 살고 있다고 뿌듯함을 느끼기도 하고요. 그러나 언제나 가장 중요한 자기계발은 건강관리라는 사실을 잊지 말아야 합니다. 즐겁게 원하는 삶을 살다가 결국엔 성공을 거머쥔 필라테스가 바로 그 증거인 셈이지요.

옳다고 생각하는
일을 하세요

영화 〈악마는 프라다를 입는다〉를 본 사람이면 뇌리에 박혀 쉽게 잊을 수 없는 배우가 있습니다. 악명 높은 편집장 '미란다'로 익숙한 메릴 스트립이지요. 극중 그는 탁월한 유능함으로 사람들에게 영감을 주는 인물로, 거침없이 직언을 쏟아내는 성격을 가졌습니다. 뛰어난 배우로 인정받는 메릴도 이러한 면모를 가지고 있기에 미란다 역할에 더욱 몰입할 수 있었을 겁니다. 그는 사회적인 이슈를 두고 직설적인 소신 발언을 하는 것으로 유명합니다.

인생에서 가장 후회되는 게 뭐냐고 묻는다면

메릴의 발언에 큰 힘이 실리는 것은 그가 할리우드 최고의 배우로 손꼽히기 때문입니다. 그는 1982년작 영화 〈소피의 선택〉에서 아무나 할 수 없는 고난도의 역할을 소화해 생애 첫 아카데미 여우주연상을 수상하지요. 홀로코스트 난민 '소피 자비스토브스카'를 제대로 연기하기 위해 정확한 억양으로 폴란드어와 독일어를 배우고, 폴란드어 억양을 섞어 영어를 서툴게 발음하는 것까지 연습해 극의 몰입을 더합니다.

이전에 영화계에선 어떤 배역을 연기해도 억양이나 사투리 같은 세세한 부분은 신경쓰지 않았지만, 메릴의 연기를 본 뒤부터 억양의 중요성에 대해 주목하기 시작합니다. 배우들은 역할을 준비하며 억양을 전문적으로 가르치는 사람을 찾아나섰고, 만일 억양을 제대로 소화하지 못하면 관객에게 외면을 받는 일도 생기게 됐지요. 메릴이 어려운 도전을 성공적으로 해내 훌륭한 연기의 기준을 높인 겁니다.

관객이 기억하는 메릴의 인생 캐릭터, 편집장 미란다는 2006년 개봉한 작품 속 캐릭터지만 10년이 넘은 지금까지 회자되고 있습니다. 그는 촬영하는 동안 줄곧 미란다를 생각하며 캐릭터를 만드는 데 집중하다 보니 실제로 불안감 때문에 3kg가 빠졌다고 하지요. 메릴이 해석한 미란다는 편집장 자리를 다른 이에게 뺏길지도 모른다는 불안감이 큰 인물로, 그 감정이 고스란히 전이돼 힘들었다고 합니다. 그가 훌륭한 연기를 하기 위해 극중 역할에 얼마나 몰입하는지 알 수 있는 부분입니다.

"당신은 단지 당신의 일을 계속하면 된다"

자신의 유명세를 활용해 사회에 좋은 영향을 끼치고자 한 메릴은 옳다고 여기는 일을 하는 데 주저하지 않습니다. 세계 평화를 지지하며 1970년대부터 1980년대 초까지 미국 전역에서 있었던 반핵 운동에 가담했습니다. 100만 명의 시위대가 센트럴파크에 모여서 냉전 시대의 군비 경쟁과 핵무기에 반대를 외쳤을 때, 그 또한 목소리를 높였지요. 시민으로서의 역할에도 충실한 모습은 다른 배우들에게도 귀감이 됐습니다.

인생에서 가장 후회되는 게 뭐냐고 묻는다면

메릴은 2017년, 골든 글로브 시상식에서 수상 소감으로 트럼프의 이민자 추방 정책에 대해서도 비판했습니다.

"할리우드에는 아웃사이더와 외국인들이 넘쳐난다. 우리를 다 쫓아낸다면, 미식축구 말고는 볼 게 없을 것이다. 그건 예술이 아니다. (…중략…) 공적인 자리에 있는 사람이 굴욕감을 주려는 본능을 드러내면, 모든 사람의 삶에 스며든다. 혐오는 혐오를 부르고, 폭력은 폭력을 낳는다. 권력을 가진 사람이 자신의 위치를 이용해 다른 사람들을 괴롭히면 우리 모두가 패배한다."

이는 할리우드의 전설적인 수상 소감으로 남았지요. 정부에게 미운털이 단단히 박힐 수 있는데도 소신 있는 모습으로 큰 박수를 받았습니다.

사람들은 메릴이 이미 정상에 자리에 올랐기에 사람들의 눈치를 보지 않는 것이라고 생각하기도 합니다. 하지만 그는 무명 시절부터 자신의 가치관에 어긋나는 일에는 절대 타협하지 않는 모습을 보여줬습니다. 1976년 영화 〈킹콩〉 오디션을 보러갔을 때, 제작자는 메릴의 얼굴을 보고 이탈리아어로 "진짜 못생겼네. 뭘 이런 걸 데려왔어?"라고 불평하지요. 이탈리아어를 할 줄 아는 그는 "기대만큼 예쁘지 않아서 죄송한데요. 어쩝니까? 보시는 게 다인데"라고 말한 뒤 자리를 박차고 나갑니다. 배우를 존중하지 않는 제작자에게 고개를 조아리면서까지 역할을 따내려고 하지 않았지요.

당당한 모습으로 할리우드에서 입지를 다져 아카데미 여우주연상 3회, 오스카 여우주연상 3회 수상 등 화려한 이력을 자랑하는 최고의 배우가 된 메릴. 뿜어져 나오는 카리스마는 어느덧 70대가 된 그를 여전히 빛나게 합니다. 메릴처럼 외모를 가꾸는 것보다 단단한 소신을 지키는 것에 집중하며 살아갈 때 진정한 아름다움을 얻을 수 있습니다.

당신을 위한 시간이
아직 오지 않았을 뿐이에요

　20세기 최고의 걸작이자 한국인이 가장 사랑하는 그림인 〈키스〉. 화려한 금빛의 옷을 입고 아름답게 포옹하는 남녀의 모습에서 감미로움이 느껴지지요. 한 세기 전에 그려졌지만 〈키스〉는 여전히 많은 이들에게 영원한 사랑을 전하며 매력을 발휘합니다. 클림트가 이처럼 위대한 작품을 남길 수 있던 데에는 주위 반응에 흔들리지 않고 스스로 옳다고 믿는 것을 추구하는 힘, '자기 확신'이 있었습니다.

클림트는 1862년 오스트리아에서 태어났습니다. 15살, 빈의 국립응용미술학교에 진학한 뒤 교육과정을 스펀지처럼 빨아들여 17살부터 본격적으로 돈을 벌기 시작하지요. 공공건물의 실내 건축 장식을 맡았다가 탁월한 실력을 인정받아 빈 미술사 박물관 벽화를 그리는 등 장식 예술의 대가로 자리를 굳혀 20대에 일찍이 성공 가도를 달리게 됩니다. 황제에게 특별 격려상인 황금공로십자훈장을 받아서 명성이 널리 알려질 정도였지요.

단 황제와 귀족의 지시를 따르는 데 지루함을 느꼈던 그는 자기 세계를 펼치고 싶었습니다. 그래서 3년 동안 작품 활동을 쉬면서 삶에 대해 성찰하고 자신의 화풍을 만들지요. 1895년엔 낭만적으로 대상을 묘사하던 기존의 화풍에서 벗어나 세계관을 담는 상징주의 화가로 발을 내딛게 되지요. 성공을 누리는 것보다 내면의 세계를 표현하는 게 훨씬 중요했던 그는 세간의 평가와 상관없이 작품 속 요소에 자신의 철학과 가치관을 담아내는 데 집중합니다.

"한마디로 추하다.
과연 이런 그림도 예술의 범주에 들어가는가?"
(1900년대 초, 오스트리아 빈 언론)

그런데 어느 날, 클림트에게 큰 시련이 찾아옵니다. 화풍이 뚜렷해진 클림트가 공개한 빈 대학 본부 건물의 천장화 스케치를 두고 대학은 물론 언론까지 발칵 뒤집어지지요. 의뢰를 맡긴 문화교육부는 철학, 의학, 법학의 주제를 각각 담아야 한다는 조건을 걸며 클림트가 학문의 위대함을 찬양하는 벽화를 그릴 것을 기대했습니다. 그러나 그가 선보인 작품은 위대함이 아니라 한계만 꼬집고 있는 듯했습니다.

삶의 부조리함 속에서 나약하고 불안한 인간의 모습을 표현한 클림트. 사람들이 고뇌에 차서 괴로워하는 〈철학〉. 병들어서 죽음을 두려워하는 〈의학〉. 죄를 짓고 좌절하는 〈법학〉을 두고 큰 논란이 이어집니다. 그를 지지하는 측과 반대하는 측 간 논쟁에 불이 붙고, 세금으로 운영되는 국립대 건물에서 화가의 예술적 자유가 어디까지 허용되느냐라는 새로운 차원의 토론까지 펼쳐지지요. 그럼에도 클림트는 꿋꿋합니다. 고개를 숙이긴커녕, 더는 걸작이 홀대받는 광경을 볼 수 없다며 작품을 회수한 뒤 주류 미술계를 떠나길 택하지요.

> "내 작품을 가로막는 하찮은 것들을
> 벗어버리고 자유를 회복하겠다."

이렇듯 그는 보수적인 오스트리아 빈 사회에서 '반항아'나 다름없었습니다. 빈은 오랜 세월 혁신과는 동떨어진 도시였고, 예술도 정체돼 있었지요. 뉴욕엔 고층 빌딩이, 파리엔 에펠탑이 세워지던 19세기 말, 빈에는 바로크풍의 박물관이 등장합니다. 사람들은 이처럼 과거에 머무는 모습을 자랑스러워했고, 자국 예술에 해악을 끼친다는 이유로 해외 작가의 전시를 금지하기까지 했으니 변화에 뒤쳐질 수밖에 없었습니다.

신선한 바람이 필요하다고 생각한 클림트는 마음이 맞는 화가들과 함께 1897년, 기존의 예술 문화와 차별화된 '빈 분리파'를 결성합니다. 그리고 잡지와 전시를 통해 주류 인사가 아닌 낯선 해외의 화풍을 소개하는 등 색다른 시도를 펼쳐갑니다. 무모해 보였지만 제1회 전시에 5만 명이 다녀갈 정도로 신드롬이 일고, 그 영향으로 유럽 각지에서도 예술적인 도전이 이어지자 나중에는 빈의 예술계까지 감탄했습니다.

"시대에는 예술을, 예술에는 자유를!"
-빈 분리파

검열에서 해방된 클림트의 그림은 더욱 대담해집니다. 여성의 주체적인 욕구를 표현하고 싶었던 그는 〈유디트〉처럼 전통적인 초상화와는 다른 여성을 화폭에 담아냅니다. 구약성서 속에서 적장을 유혹해 칼로 목을 벤 유디트를 팜므파탈로 묘사하지요. 그림 속 유디트는 가슴과 배꼽이 훤히 보이는 옷을 입은 채 매혹적인 표정을 지으며 자신의 힘을 과시하는 듯합니다. 선정적이라는 비판이 따랐으나, 빈의 경직된 분위기 속에서 클림트의 개성을 뽐낼 수 있는 그림이었지요. 이와 함께 그는 〈여자 친구들(물뱀)〉, 〈다나에〉 등으로 다양한 여성 누드를 서양 미술사 안에서 완벽하게 표현했다는 평가를 받으며 근대 에로티시즘의 서막을 엽니다.

꾸준히 성장 가도를 달리던 클림트는 1905년, 중년에 접어 든 뒤 개인 작업에 몰두하고자 빈 분리파를 떠납니다. 이때부 터 〈키스〉처럼 우리가 아는 대작이 연이어 탄생하지요. 사람 들이 작품에서 환희를 느끼길 바란 그는 금박을 활용한 독창 적인 양식을 통해 눈길을 사로잡습니다. 이 시기 또 다른 대표 작 〈아델레 블로흐-바우어의 초상〉을 보면 금빛으로 반짝이는 온갖 장식과 패턴에 전율이 느껴지지요. '황금의 화가'로 예술 가로서 정점을 찍은 뒤 56세의 나이로 생을 마무리한 클림트 는 오늘날까지 세계적인 미술 거장으로 회자되고 있습니다.

누구나 살다 보면 다른 사람들의 눈치를 보게 됩니다. 하지 만 자신만의 예술 세계를 거침없이 펼친 클림트가 주류 미술 계의 질서를 순순히 따랐다면 잠재력을 모두 발휘하긴 어려웠 을 테지요. 어떠한 상황에서도 자기 확신을 가지고 원하는 것 에 집중한 게 그의 독보적인 성공의 비결이었습니다. 진심으로 하고 싶은 게 있다면 모두가 틀렸다고 해도 흔들리지 않고, 당당하게 나의 길을 걸어가야 합니다. 그래야 적절한 타이밍을 만났을 때 놓치지 않고 비로소 진정한 성공을 거둘 수 있을 테니까요.

일하는 우리 모두의 삶은
아름답습니다

10년간 879점. 청춘이라는 이름으로 인생에서 가장 빛나는 시기인 스물여덟에서 서른일곱까지, 빈센트 반 고흐가 그린 그림의 수입니다. 약 900점 가까운 그림을 그리며 그는 무엇을 보고 무엇을 생각했을까요? 앞으로 나의 10년은 과연 그와 얼마나 다르고 또 닮아 있을까 돌아보게 됩니다.

고흐의 삶에서 단연 우리에게 귀감이 되는 부분은 바로 '늦은 시작'입니다. 우리는 시작하기에 앞서 다양한 핑계를 만들어내며, 시도하지 않거나 포기하는 순간들을 맞이하곤 합니다. 그러나 그런 구차한 이유들을 비웃기라도 하듯 고흐는 이런 수식어가 어울리는 삶을 살다 갔습니다.

'늦은 시작'은 최고의 '자극제'

청년 시절 빈센트는 안정된 삶을 꾸려간 목사의 아들이었지만, 탄광촌에서 노동자들과 함께 사는 동안에는 안락한 생활 습관을 버리고 진심으로 노동자들 속으로 들어가 그들의 한숨과 눈물을 함께하려 했습니다. 고된 노동과 끔찍한 질병으로 죽어가는 광부를 마치 가족처럼 간호하며 깊은 슬픔에 빠지기도 했으나, 이러한 노력은 탄광촌에서 인정받지 못했지요. 보리나주의 선교 위원회는 '선교사가 될 만한 자질이 부족하다'는 이유로 그를 사실상 쫓아냈기 때문입니다.

선교사의 꿈은 이렇게 허물어지고, 이십 대 중반이라는 늦은 나이에 그는 화가의 길로 들어섭니다. 그리고 10년간 한시도 쉬지 않았습니다. '여백'이나 '휴식'이 인생에서 가장 무서운 것인 양, 빈센트 반 고흐는 끊임없이 일하고 잠시도 쉬지 않으려 했습니다. 이러한 열성은 동생 테오에게 보낸 편지에도 고스란히 담겨 있습니다.

"매일 아침 해가 뜰 때부터 저녁 늦게까지, 해바라기 그림에 매달리고 있단다. 이 꽃은 정말 빨리 시들어버려. 그러니 한번 시작하면 그 자리에서 끝을 봐야 한단다."

늦은 시작으로 인해 끊임없이 그림에 대해 연구하고 노력했던 그를 통해, 지금 우리는 어떠한 모습으로 살고 있는지 돌아보게 됩니다. 그가 걷고자 한 꿈들이 실패로 끝난 뒤, 그는 낙담하고 평범한 삶을 선택할 수도 있었습니다. 그러나 고흐는 또다른 꿈을 좇아 화가로 되기로 하고 자신의 선택에 책임을 다하며 열정을 불살라 수많은 아름다운 작품을 남깁니다.

"나는 씨앗을 뿌리는 사람입니다. 앞만 보며 살아가는 사람들은 눈앞에 주어진 많은 밭에 씨 뿌리기를 거부하지요. 그러나 씨 뿌리는 사람의 힘겨운 노동을 통해 그 밭들은 위대한 결실을 맺습니다. 씨 뿌리는 사람은 그 어떤 자식도 포기하지 않을 것입니다."

빈센트가 브뤼셀에 머무는 동안 써놓은 기도문 중의 한 대목입니다. 그의 기도문을 보면 그가 얼마나 삶을 의미 있고 가치 있게 여기는지 알 수 있습니다. 흔히들 선행을 씨 뿌리는 것에 비유합니다. 당장 선행을 한다고 해서 내가 열매를 수확할 수는 없지만, 그 씨앗은 나중에 자라 누군가에게 풍족한 열매가 되어 전달될 수 있습니다. 또 돌고 돌아 나에게 주어질 수도 있으니까요.

우리의 삶 속에서도 이 가치는 통용됩니다. 후회를 후회로 남기지 말고 지금이라도 당장, 앞으로의 나를 위해 씨앗을 뿌려야 하는 것이지요. 빈센트의 작품들이 그렇게 화가 자신이 뿌려놓은 씨앗의 위대한 열매가 되어 열렸듯이 말입니다.

**'왜 수많은 사람이 단지 살아남기 위해
이렇게까지 고통받아야 하는가'**

빈센트는 광부들의 비참한 노동조건과 열악한 생활상을 가까이서 지켜보고, 부상자들을 간호하고, 그들을 위해 기도를 올리면서 인간의 조건에 대한 원초적인 물음을 던졌습니다.

'왜 인간의 힘겨운 노동이 어디서도 가치를 제대로 인정받지 못하는 것인가.'

빈센트는 평생 민중의 눈, 민중의 미소를 그리고 싶어 했습니다. 그의 편지에서도 엿볼 수 있는 부분이지요.

"나는 여전히 거대한 성당이 아니라 민중의 눈을 가장 그리고 싶어. 사람의 눈 속에는 대성당에는 없는 무엇이 있거든. 아무리 대성당이 장엄하고 화려해도, 내게는 불쌍한 거지든, 지나가는 행인이든, 인간의 영혼이 더욱 흥미롭단다."

그는 포기하지 않고 끊임없이 인물화를 그렸고, 마침내 자신이 꿈꾸던 예술의 이상향에 가장 부합하는 인물이 되었지요.
노동하는 인간의 아름다움에 대한 예찬. 그것은 빈센트 반

고흐 예술의 원동력이었습니다. 빈센트는 진심으로 염원했습니다. 가장 힘들게 사회 밑바닥에서 일하는 사람들이 그들의 가치를 인정받고 행복한 삶의 주인공으로 거듭날 수 있기를 말이지요. 그의 삶과 생각 속에서 우리는 서로 삶의 가치를 인정하고 비교하지 않으며, 우리 모두에게는 나름대로 삶의 가치와 행복이 있음을 배우게 됩니다.

누군가와 비교하고 타인과 나를 견주어 스스로 낮아지거나 자존감을 구기는 것이 아니라, 우리 모두에게는 각자의 삶이 있고 그 모든 삶에는 고유한 가치가 있으며 모두 인정받아 마땅함을 알아야 한다는 것입니다. 고흐가 올리브 따는 사람들, 씨 뿌리는 사람들, 밀밭에서 추수하는 사람들을 그리며 한결같이 추구했던 가치가 바로, '일하는 사람들이 아름다운 세상' 이었던 것처럼 말입니다.

삶을 이겨낸 사람들의 인생 문답

"독창성은 자기 안에 있다. 그때 그때 원하는 것을 만들 수 있는 삶이야말로 행복이다." -사카모토 류이치

"나는 내가 결국 해낼 것임을 알았다. 그저 시간문제일 뿐이었다."-머라이어 캐리

"내가 갈길은 내가 찾아 얻어야 한다." -나혜석

"행복의 본질은 건강에 달려 있다." -조셉 필라테스

"혐오는 혐오를 부르고 폭력은 폭력을 낳는다." -메릴 스트립

"나는 내 작품을 가로막는 하찮은 것들을 벗어던지고 자유를 회복하겠다." -구스타브 클림트

"나는 씨앗을 뿌리는 사람이다." -빈센트 반 고흐

그 무엇보다 절대로,
자신을 포기하지 마세요
아직 때가 오지 않았을 뿐이니까요

_____

_____

_____

삶이 벽이라고 느껴진다면 그 너머를 상상하세요
당신을 기다리고 있을 그 무언가를

5장

후회 뒤에 발견한
인생의 기회

남이 아닌 고유한 나를 만들어가세요,
삶이 고통일지라도

20세기 지식인들의 지식인, 무신론적 실존주의 철학자, 노벨문학상을 거절한 최초의 작가, 책상에 머물지 않고 현실에 직접 뛰어든 운동가. 전쟁으로 모든 것이 엉망이 된 시기, 꿋꿋이 자유로운 삶을 산 철학자가 있습니다. 오늘날 길 잃은 현대인들이 반드시 알아야 할 인물, 바로 사르트르입니다.

"미움 받아도 신경 쓰지 말 것"

다양한 수식어로 표현되는 그의 삶과 사상 가운데 어쩌면 가장 큰 메시지를 던지는 삶의 태도일지도 모릅니다.

1905년 프랑스 파리에서 태어난 장 폴 사르트르는 어릴 때부터 자신만의 고유한 행복을 추구했습니다. 두 살 때 아버지가 병으로 세상을 떠난 뒤 어머니와 함께 외할아버지 집에서 살았는데, 독일 문학을 가르치는 대학교수였던 외할아버지의 서재는 그에게 놀이터나 마찬가지였습니다. 쌓인 책에 몰두하다가 일곱 살 무렵부터 시를 쓰며 놀았는데, 친구가 없어서 혼자만의 세계에 더욱 빠져들게 되었지요.

키가 작고 못생겼다는 평가를 들은 사르트르는 게다가 세 살 때 큰 병을 앓고 오른쪽 눈까지 잃어 주위에서 놀림을 받았습니다. 열두 살 때 라로셸로 이사한 뒤에는 따돌림을 경험하기도 합니다. 혼자 정신적인 수준이 월등히 높았으니 친구들과 어울리기란 더 힘들었겠지요. 그러나 그는 개의치 않고 여전히 책 읽기에서 즐거움을 찾았고, 처음에는 문학을 주로 읽다가 차차 철학에 흥미를 느낍니다. 앙리 베르그송의 《시간과 자유의지》를 특히 감명 깊게 읽었는데, 이는 나중에 그의 실존주의 철학에 큰 영향을 미치게 됩니다.

훗날 집필한 희곡 〈닫힌 방〉(1943)에서 사르트르는 '타인은 지옥이다'라는 유명한 말을 남깁니다. 타인의 시선에 휘둘리면 말 그대로 타인의 존재 자체가 지옥이 된다는 의미이지요. 이 지점에서 우리는 사르트르에게 미움을 받아도 당당하게 인생을 꾸리는 힘이 있음을 파악할 수 있습니다.

가상의 지옥인 '닫힌 방'. 여기에 불륜과 살인 등 끔찍한 죄를 지은 가르생, 이네스, 에스텔 세 사람이 갇히며 이야기가 시작됩니다. 거울도, 창문도, 불을 끌 수도 없는 이곳에서는 서로가 서로를 주시할 수밖에 없습니다.

시간이 흐르며 서로의 사연을 듣게 된 세 사람은 다른 이들을 각자의 잣대로 판단하고 혐오감을 느낍니다. 정작 자신은 그럴 만한 사정이 있었다고 이해받길 바라면서요. 그러면서 또한 인정과 애정을 갈망합니다. 가르생은 이네스에게 영웅으로 보이기를, 이네스는 에스텔을 차지하기를, 에스텔은 가르생에게서 남성의 손길을 느끼기를 바라지요.

욕망이 얽히고 충돌하며 쉽게 해소되지 않자 끔찍한 형벌을 받는 듯한 이들. 결국 가르생은 외칩니다. "지옥은 바로 타인들이야!" 닫힌 방의 문이 열리지만 아무도 나가지 않는 장면은, 고통스럽더라도 타인과 함께 살아갈 수밖에 없는 현실을 드러내는 듯합니다.

현실에서의 우리도 크게 다르지 않습니다. 우리는 남들에게서 우리 자신의 인정욕구, 성욕, 지배욕 등 숱한 욕망을 해소하고자 하지만, 이는 철저히 상대방의 영역일 뿐입니다. 이러한 타인의 영역에 연연하지 않고 주체적인 삶을 살아간 사르트르는 1924년 파리 사범고등학교에 들어가 열심히 공부해 수석으로 졸업했고, 고등학교 철학교사 자격시험에도 1등으로 합격합니다. 욕망에서 자유로운 정신이 무엇을 이룰 수 있는지, 실제 성취와 그의 삶을 통해 보여준 셈이지요.

살아가다 보면 주체적인 삶을 살지 못해서 인생을 낭비해버리고 후회하는 시간이 적지 않을 겁니다. 그러나 누구나 미움받아도 신경 쓰지 않고 살아갈 수 있는 것은 아닙니다. 인생을 살아가며 많은 것을 겪어보고, 관계에서 상처도 받고 아물기도 하는 과정에서 후회 없는 삶을 살기 위한 초석들이 마련되는 것이니까요. 그러한 인생을 우리보다 조금 더 빨리 살다 간 사르트르는 또 다른 조언을 남깁니다.

"나만의 철학을 세워야 한다"

1931년부터 2년 동안 학교에서 철학을 가르친 그는 독일 철학자 에드문트 후설을 연구하고자 베를린으로 유학을 갑니다. 후설과 함께 마르틴 하이데거의 철학을 연구하며 인간 실존을 더욱 깊이 이해하고 자신만의 철학을 세울 준비를 하지요. 제2차 세계대전이 발발하고 포로로 수용소에 갇혔을 때도 여전히 글을 쓰면서 사상을 다듬고 정립해 나갑니다.

풀려난 뒤에는 수용소에서 얻은 영감으로 철학서《존재와 무》(1943)를 발표해 명성을 떨칩니다. 신이 없는 세계 속 사람의 자유에 대해 분석한 이 책은 그의 실존주의를 정리한 대작으로 손꼽히는데, 700쪽이 넘는 두꺼운 분량과 난해한 내용에도 불구하고 젊은 세대를 중심으로 큰 인기를 끌지요. 실존주의를 주제로 강연하면 강연장은 빽빽이 들어선 사람들의 열기로 후끈거렸습니다. 실존주의가 막 전쟁을 경험한 이들의 폐부를 찔렀기 때문일 것입니다. 신이나 전통 가치가 사람을 지켜주리라는 믿음을 더는 가질 수 없던 사람들은, 인간이라는 존재가 얼마나 나약한지 깨달았습니다. 그럼에도 어떠한 권위에도 기대지 않고 우뚝 서야 한다고 강조하는 이 사상에 공감하고 위로받았던 것입니다. 우리에게 폐허 속에서도 삶을 일궈나가는 자유와 선택, 책임이 있다는 희망적인 메시지를 전하기 때문입니다.

특히 지금 시대에서 우리에게 가장 필요한 덕목 가운데 하나를 알려주는 듯합니다. 나의 삶은 내가 잘 가꾸고 만들어가야 한다는 것. 우선 스스로를 지키는 사람이 되어야 한다는 것. 자기 자신을 꿋꿋하게 창조해 나가야 함을 말이지요.

사르트르는 "실존은 본질에 앞선다"라고 했습니다. 여기에서 본질은 쓰임새를 뜻합니다. 일례로 의자는 사람이 앉기 위해 만들어졌고, 만드는 과정에서 그 쓰임새를 떼놓을 수 없지요. 우리가 쓰는 물건은 모두 그러한데, 과거 서양철학에서는 사람도 마찬가지라고 여겼습니다. 사람은 실력이 뛰어난 기술자나 다름없는 신의 뜻대로 창조됐다고 생각했으니까요.

그러나 이를 부정한 사르트르. 그가 바라본 인간이란 아무것도 아닌 상태로 태어나 자신을 직접 창조하는 존재입니다. 어떤 모습으로 살아갈지는 모두 나 자신의 선택입니다. 우리는 이를 인식하고 앞으로 나아가야 하는데, 이때 나를 넘어서 사회적 영향까지 고려해야 하지요. 실제로 사르트르는 전쟁 중 독일 나치스에 대항하는 저항운동에 참여하는 등 사회를 바꾸려고 노력했습니다.

그런데 이러한 자유가 마냥 행복하다고 말할 수는 없습니다. 리더도, 규칙도 없이 혼자 모든 걸 결정하고 책임지기란 더없이 불안하니까요. 마치 정답 없는 시험지를 풀어나가는 듯한 기분인데, 이를 견딜 수 없는 이들은 '자기 기만'을 합니다. 자유가 없는 것처럼 사장님을 주인처럼 모시거나, 엄격한 종교에 기대면서요. 사르트르는 자유에 대해 그저, 이렇게 강조할 뿐입니다.

"당신은 자유롭습니다. 부디 스스로 당신을 만들어가세요"

사르트르는 평생 자유로운 삶을 살았습니다. 1929년에 처음 만난 보부아르와 평생 결혼하지 않은 채 50여 년간 서로의 사생활을 존중하며 사랑을 나눴고, 1964년 노벨상 수상자로 선정되자 문학 활동이 제도권의 영향을 받는 게 싫다며 최초로 수상을 거부합니다. 건강을 잃기 전까지 전 세계의 정치 상황에 관심을 쏟으며 소외된 이들을 도우려고 최선을 다한 사르트르. 삶으로, 철학으로 진정한 자유를 외친 그는 오늘날까지 자유를 말하고 논할 때, 커다란 울림을 남기고 있습니다.

인생에서 가장 후회되는 게 뭐냐고 묻는다면

모든 비극이
다 나쁘기만 한 건 아니에요

2022년, 넷플릭스 드라마 〈웬즈데이〉 시리즈가 전 세계 83개국에서 1위를 차지해 화제를 낳았습니다. 어둡고 냉소적인 '아웃사이더' 소녀 웬즈데이가 초능력을 발휘해 마을의 초자연적 미스터리를 해결하는 이야기. 감독 팀 버튼은 자신과 웬즈데이가 닮아서 작품에 유독 애정이 갔다고 하지요. 그는 지금은 큰 사랑을 받는 판타지 산업의 거장이지만, 어린 시절에는 웬즈데이처럼 늘 외톨이였으니까요.

나만의 색깔로 세상과 소통하는 용기

1958년 미국 캘리포니아주에서 태어난 팀 버튼은 조용하고 독특한 아이였습니다. 친구들과 어울리기보단 고전 공포 영화를 보거나 묘지 산책하기를 즐겼지요. 교우 관계도, 아버지와의 관계도 좋지 않아 늘 외로웠지만 그렇다고 불행했던 건 아닙니다. 어릴 적부터 그림을 그리고, 단편 영화를 만드는 창조적인 예술 활동을 통해 행복을 느꼈습니다.

캘리포니아 예술대학에서 애니메이션을 전공하고 졸업한 후 월트 디즈니 사에 인턴으로 입사한 그는 엘리트 코스를 밟는 듯 보였습니다. 회사는 창의적인 팀 버튼을 유능한 인재로 여겨 영화감독의 기회까지 주지요. 그는 첫 영화로 1984년작, 〈프랑켄위니〉를 만듭니다. 〈프랑켄슈타인〉을 모티브로 어린 시절 키우던 강아지를 추억하며 만든 이 영화는 디즈니 감성이라고 하기엔 지나치게 어두웠고, 아이들은 무서운 강아지를 보자마자 울었습니다. 디즈니와 도저히 안 맞는다고 느낀 팀 버튼은 회사를 그만두고 자신의 색깔을 담아 세상과 소통하기로 합니다. 그리고 자신을 닮은 그로테스크한 영화를 제작해 관객을 사로잡지요.

1988년작, 디즈니를 떠난 뒤 만든 〈비틀쥬스〉는 평단의 반응은 싸늘했지만 대중은 열광했습니다. 1500만 달러의 제작비를 들여 이에 5배에 가까운 7370만 달러의 매출을 기록하지요. 입지를 다진 그는 이후에도 〈가위손〉(1991) 〈빅 피쉬〉(2004) 〈찰리와 초콜릿 공장〉(2005) 등 연달아 성공작을 낳아 2000년대엔 세계적인 거장에 등극합니다.

사람들이 그의 영화에 환호하는 이유는 다양하지요. 우선 동심을 자극해 가슴이 설렌다는 겁니다. 〈빅 피쉬〉에는 모험을 떠나는 에드워드 블룸의 여정에서 미래를 알려주는 마녀, 천막과 풍선이 가득한 서커스, 늑대인간, 세상을 온통 노란빛으로 물들인 수선화 등 동화 속에서나 존재할 법한 것들이 등장하지요. 어른이 된 후에도 동심을 잃지 않고 살아가는 팀 버튼의 작품에 어린이와 어른 모두 흠뻑 빠져들게 됩니다.

또한 그는 CG를 최소화한 생생한 연출을 하기로도 유명합니다. 〈빅 피쉬〉 속 명장면으로 꼽히는, 에드워드가 수선화 가득한 정원에서 청혼하는 장면은 직접 만 송이의 수선화를 심어서 촬영 했습니다. 거인 캐릭터 '칼'을 연기한 '매튜 맥그로리'는 실제 키가 2m가 넘는, 세상에서 가장 키가 큰 배우로 기네스북에 오른 인물이지요. 고집스러운 연출은 높은 완성도를 자랑하는 수작을 여럿 탄생시켰습니다.

정상과 비정상 사이, 우리는 고유하다

스스로를 '아웃사이더'라고 느끼는 이들이 유독 팀 버튼에 열광하곤 합니다. 그의 영화에는 〈가위손〉 에드워드 같은 소외된 인물이 매번 등장합니다. 과학자의 미완성품으로, 기괴한 외모와 날카로운 손이 특징인 에드워드. 무서운 인상과 다르게 순수하고 따뜻한 마음을 가진 그는 세상에 나와 사람들을 돕지만, 사람들은 그를 이용합니다. 그는 오해 속에서 쓸쓸히 마을을 떠나지요. 이러한 설정은 팀 버튼이 외로웠던 자신의 유년 시절에 건네는 위로나 마찬가지입니다. 관객들은 에드워드의 세계에 공감하고, 보통의 공동체가 가진 위선적인 태도를 불편해하며, '정상'과 '비정상'에 대해 생각해보게 됩니다.

서른두 편의 영화 제작에 참여하고, '버트네스크'라고 불리는 독창적인 예술세계를 구축한 팀 버튼. 미술, 건축, 의상, 음악에도 뛰어난 그는 예순이 넘은 지금까지 왕성하게 활동하는 중입니다. 어린 시절, '괴짜' '별종' 취급을 받은 그는 자신의 불행을 재료로 더욱 멋진 창작물을 낳았지요. 유명한 미국 속담인 '삶이 네게 신 레몬을 주면 그걸로 레모네이드를 만들어라'라는 말을 몸소 보여줬지요. 불행한 경험에 얽매이지 않고 자유롭게 살아가기 위해서는 그처럼 '레모네이드'를 만드는 자세가 필요하다는 사실을 우리에게 알려주고 있습니다.

지금 눈앞에 보이는 것
너머의 세상을 보세요

세상을 바꾼 유명한 사과들이 있습니다. 인간의 욕망을 상징하는 성경 속 선악과, 이성의 시대를 연 뉴턴의 사과, 현대 기술을 상징하는 애플사의 사과. 그리고 마지막으로 초현실주의를 상징하는 그림 속 사과. 〈인간의 아들〉 속 사과는 사람 얼굴을 가리고 있고, 〈리스닝 룸〉엔 방 안을 꽉 채운 사과가 그려 있지요. 빨간 사과가 버젓이 있는데 〈이것은 사과가 아니다〉라는 특이한 제목이 붙은 그림도 있습니다. 모두 독특한 형태의 사과로 유명한 화가, 르네 마그리트의 그림입니다. 그는 초

현실주의자들 중에서도 독자적인 영역을 구축해 깊은 인상을 남겼습니다.

"작품을 단순히 보게 하는 것이 아니라
생각하게 만들고 싶다"

　1898년 벨기에에서 태어난 마그리트는 유복한 환경에서 상상력이 풍부한 소년으로 자랐습니다. 혼자 침대에서 스릴 넘치는 추리소설을 읽으며 낯선 세계를 그렸고, 밤엔 집으로 열기구가 떨어지거나, 알록달록한 상자들이 하늘을 떠다니는 독특한 꿈을 꾸었지요. 어릴 때부터 손재주가 뛰어났던 그는 장차 예술가로 실력을 발휘할 것 같은 촉망 받는 인재였습니다. 그러나 14살이 되던 해, 행복했던 마그리트에게 끔찍한 사건이 벌어집니다. 정신병을 앓던 어머니가 강가에 몸을 던져 사망한 것이지요. 이는 오랜 시간 트라우마로 남았지만, 그는 충격을 딛고 1916년 벨기에 왕립학교에 입학해 정식으로 예술 공부를 시작합니다.

정답이 정해진 학교 공부에서 별다른 흥미를 느끼지 못한 마그리트. 그러다 우연히 조르조 데 키리코의 〈사랑의 노래〉를 보고 가슴이 두근거립니다. 서로 전혀 관련이 없어 보이는 석조 두상, 수술용 장갑, 녹색 공. '생뚱맞게도 왜 한데 모였을까?' 골똘히 고민하던 그는 의미를 찾지 못하고, 작가가 보는 이에게 단지 재미를 주기 위해서 이렇게 그린 게 아닐까 짐작합니다. 나아가 자신도 즐거움이 느껴지는 예술을 하겠다고 결심하며 작품의 방향성을 찾아나가지요.

이는 그가 즐겨쓴 '데페이즈망', 즉 익숙한 대상을 예상치 못한 장소에 둬서 보는 이에게 즐거움을 주는 기법으로 이어집니다. 졸업 후 1927년, 파리로 넘어가 살바도르 달리, 호안 미로 등과 교류하며 영감을 얻은 것입니다. 그들과 함께 1920년대 프랑스에서 등장한, 현실을 뛰어넘은 꿈과 무의식의 세계를 표현하는 초현실주의 운동에 동참한 마그리트는 자신만의 독특한 영역을 구축해 우리의 상식과 고정관념을 과감히 깨뜨립니다.

"나에게 있어 세상은 상식에 대한 도전이다"

대표작 〈인간의 아들〉(1964)을 보면 녹색 사과가 중절모를 쓴 남자의 얼굴을 가리고 있습니다. 보는 이로 하여금 상상력을 불러일으키는 모습이지요. 그리고 질문을 던지게 합니다. 함께 배치된 남자와 사과는 무슨 의미인지, 사과에 가려진 남자의 얼굴은 어떨지 등에 대해서 말이지요.

평론가들은 이 그림을 '마그리트의 자화상'이라고 했습니다. 제목에서 우리는 스스로를 '인자'라고 칭하던 예수를 떠올릴 수 있고, 저 남자는 바로 마그리트 본인이며, 마그리트가 자신을 예수에 투영했다는 것이지요. 선악과를 상징하는 사과, 돌아간 듯한 왼팔을 통해 그만큼 자신이 불완전한 존재라는 것을 고백한다는 해석을 내놓았습니다.

〈연인Ⅱ〉(1928)도 무척 독특한 느낌을 줍니다. 남녀의 얼굴을 온통 감싼 흰 천이 인상적인데, 이들은 저 천 때문에 서로의 눈이 어디로 향하고 있는지 알 수 없지요. 누군가는 이 그림을 보고 서로를 있는 그대로 보지 못하는, 맹목적인 사랑을 표현했다고 해석했습니다. 'Love is blind'라는 말이 있듯이 사랑에 빠지면 두 눈이 멀어버리는 것처럼 판단력을 잃는 게 자연스럽고, 이는 언제 현실을 직시할지 몰라 위태롭지요. 평론가들은 과거 하얀 잠옷을 입고 익사체로 떠오른 어머니와 마그리트 자신의 모습을 그린 그림이며, 천 속에서 둘은 슬프게 울고 있을 것이라고 추측했습니다.

"누군가는 내 그림을 보면 '이게 무슨 의미야?'라고
생각하겠지만, 아무것도 의미하지 않는다."

마그리트는 토론이 자유롭게 뻗어나가게 둘 뿐, 뚜렷한 답을 제시하지 않습니다. 그는 재미있어서 이렇게 그렸다고 밝혔으며, 동시에 사람들이 낯선 감정에 사로잡혀 사물을 새로운 눈으로 보고, 상식이라고 믿었던 것들에 대해 되돌아보길 원했습니다. 〈백지위임장〉(1965)에서는 중간중간 잘려 있는 여인의 형상을 통해 현실과 가상의 경계까지 허물어뜨립니다.

신선한 자극을 주는 마그리트의 작품에서 여러 아티스트가 자극을 받았지요. 영화 〈매트리스〉의 복제된 스미스 요원들이 등장하는 장면은 중산모를 쓴 남자들이 비처럼 쏟아져 내리는 그의 〈겨울비〉에서 영향을 받았다고 합니다. 미국 가수 웨더 걸스의 'It's Raining men'은 노래 제목부터 뮤직비디오까지 〈겨울비〉를 그대로 묘사하고 있고, 영화 〈하울의 움직이는 성〉은 〈피레네의 성〉에서 영감을 얻었습니다.

커다란 캔버스에 그려진 파이프 하나. 마그리트의 유명한 작품 가운데 한 점인 이 그림에는 프랑스어로 "Ceci n'est pas une pipe(이것은 파이프가 아니다)"라고 써 있습니다. 누가 봐도 파이프인데 파이프가 아니라니 대체 무슨 의미로 그런 문장을 써 넣은 것일까요?

그림 앞에 선 관객은 이 사소한 이질감에 고개를 갸우뚱하며 나름대로 철학적인 고민에 빠져듭니다. 왜 파이프가 아니라는 것일까? 파이프 그림이니까 실제 파이프가 아니라는 것일까? 그래도 저 그림 속 물체는 분명 파이프가 맞는데 어떻게 된 노릇일까? 얼핏 사소해 보이지만 꼬리를 무는 철학적인 사고를 이끌어내는 작품입니다.

마그리트는 이렇듯 친근하고 낯익은 이미지를 통해서도 사소한 뒤집기를 시도하곤 했습니다. 그리고 실은 이 그림의 실제 작품명은 <이미지의 배반>입니다. 아무것도 의미하지 않지만 동시에 수많은 것을 의미하는, 마그리트 그림다운 이름이네요.

20세기 미술의 거장으로 떠오르며 팝아트를 비롯해 미디어와 문화산업 전반에 큰 영향을 끼친 마그리트. 미스터리한 그의 그림을 보고 있자면 머릿속에 끊임없이 물음표를 던지며 입체적으로 생각해보게 되는데, 이것이 결국 예술을 사랑할 수밖에 없는 이유 중 하나입니다.

살다 보면 뭐든 익숙한 대로만 바라보기 마련이지요. 그러나 마그리트처럼 관념에 얽매이지 않고 다양한 시선을 가질 때 세상을 한층 더 폭넓게 조망할 수 있을 겁니다. 매일 반복되어도 오늘은 어제와 다르고, 내일도 오늘과 다르겠지요. 삶이란 어쩌면 반복 가운데 작은 반전을 꿈꾸며 더 즐거워지는 듯합니다.

나는 색깔 있게
사는 걸 좋아하지요

'존재 자체가 하나의 장르'라는 찬사를 받는 현대미술의 거장이 있습니다. 바로 영국을 대표하는 화가, 데이비드 호크니입니다. 2019년 서울시립미술관에서 열린 그의 전시엔 35만 명이 몰려서 국내 미술 전시 역사상 최대 기록을 달성했지요. 호크니는 누구나 쉽게 공감하는 일상 속 행복을 그림으로 담아냈기에 이처럼 많은 이들에게 사랑받을 수 있었습니다. 그는 어떠한 상황에서도 행복을 추구하는 긍정적인 성품을 바탕으로 독자적인 작품 세계를 펼쳐나갔지요.

1937년, 영국 요크셔주에서 태어난 호크니는 가난 속에서도 즐거운 소년이었습니다. 어린 시절, 제2차 세계대전을 겪으며 공포 속에서 배급을 받으며 자랐지요. 그림을 그리기 위한 종이와 물감도 제대로 살 수 없을 정도로 가난했지만, 그는 힘들다고 쉽사리 불평하지 않았습니다. 대신 일주일치 용돈을 모아 사탕을 사러 슈퍼로 달려가는 소소한 일상에서 즐거움을 누렸지요.

호크니는 1959년, 런던에 있는 왕립예술대학에 진학한 뒤에도 여전히 가난했습니다. 뉴욕행 티켓이 한화로 6만 3천 원 정도인 40파운드였는데 수중에 12파운드밖에 없어서 고심할 정도였지요. 그래도 친구들과 함께하는 대학 생활은 즐거웠습니다. 어느 날, TV에서 탈색제 광고를 보다가 금발이 되면 더 재밌겠다는 생각에 다 같이 머리를 물들입니다. 만족스러웠던 호크니는 앞으로도 계속 금발로 살겠다고 결심하는데, 오늘날까지 이를 고수하고 있어 그의 트레이드 마크가 되었습니다.

"나는 색깔 있게 사는 걸 좋아한다"

남들을 따르지 않고 늘 자신만의 행복을 찾던 호크니. 그는 대학에서 본격적으로 예술을 배우다가 작품 활동에 대한 고민이 깊어집니다. 195~60년대 당시에는 추상 미술이 유행했는데, 호크니는 이러한 것들이 실제 삶과 별 관련이 없다고 생각해 흥미를 느끼지 못하지요. 그는 거창한 주제 의식이나 심오한 세계를 나타내기보다는 우리가 일상에서 마주치는 것들을 표현하고 싶었습니다.

고민하던 그에게 답을 준 건 바로 피카소였지요. 당대 사조와는 상관없이 입체주의 등 자신만의 작품 세계를 구현한 피카소는 영웅처럼 다가왔습니다. 그는 피카소의 전시를 보며 작가란 뭐든 원하는 주제를 택하고, 독자적인 방식을 추구할 수 있다는 깨달음을 얻습니다. 이를 바탕으로 그린 〈환영적 양식으로 그린 차 그림〉은 그가 매일 마시던 차의 포장지를 모티브로 삼았지요. 이처럼 관습을 무조건적으로 수용하지 않는 색다른 시도로 추상화가 주류인 미술계에서 구상 화가로 관심을 끌 수 있었습니다.

"난 내가 좋을 때 좋아하는 것을 그린다"

1962년, 대학을 졸업한 뒤엔 미국 LA로 넘어갑니다. 집집마다 수영장이 있으며, 따스한 햇볕 아래 사람들이 서핑을 즐기고, 새벽 2시까지 술집이 열려 있는 LA는 그에게 섹시하고 젊음이 넘치는 도시였습니다. 호크니는 구석구석을 관찰하며 사진을 찍고, 드라이브하고, 바에 가서 사람들을 만나며 나날을 만끽합니다.

그런데 수영하는 것처럼 그가 행복하다고 느끼는 순간에는 늘 '물'이 있었습니다. 투명한 물을 바라보다 매료된 호크니는 이를 그림으로 표현해 명성을 얻지요. 대표작으로는 〈더 큰 첨벙〉이 있습니다. 직접 촬영한 사진을 바탕으로 작업한 이 그림은 화창한 날씨 아래 낮은 건축물, 이국적인 야자수와 수영장 전경이 돋보이지요. 누군가가 물로 첨벙 뛰어든 묘사에 자유로움과 해방감이 느껴집니다. 물이 생생하게 튀어 오르는 모습이 작품의 묘미를 더하는데, 호크니는 이를 표현하기 위해 2주간 공들였습니다.

다른 작품 〈닉의 수영장에서 나오는 피터〉, 또 훗날 경매에서 1천 억 원이 넘는 가격에 판매돼 화제가 된 〈예술가의 초상〉을 보면, 모두 수영장을 배경으로 하지만 각 순간에 따라 물을 묘사하는 방식이 다릅니다. 물은 일렁이기도 하고, 햇빛에 반사돼 빛나기도 하지요. 우리는 이를 통해 어디에나 있는 물을 새롭게 바라보고, 놓치기 쉬운 일상 속 아름다움을 느낄 수 있습니다.

호크니는 '수영장 화가'로 30대에 이미 스타 작가가 됐지만, 그런 그에게도 슬럼프가 찾아옵니다. 그가 원하는 건 부와 명예가 아닌 창조성을 마음껏 발휘하는 삶이었지요. 어느 순간부터 자신이 만든 양식에 얽매여서 안주하고 있다는 것을 깨닫고 즐거움을 잃어버리지요. 그래서 1970년대 초반에 작업하던 〈조지 로슨과 웨인 슬립〉을 미완성으로 둔 채 틀에 갇히지 않고자 끊임없이 도전합니다. 판화를 바탕으로 그림을 그리고, 공연 분야로 뛰어들어 3년간 무대미술 작업을 하며, 디지털 아트처럼 새로운 기술에도 관심을 갖습니다.

"난 돈에 대해서는 욕심을 내지 않지만,
흥미진진한 삶에 대해서는 욕심을 낸다"

오늘날 85세의 나이, 호크니는 여전히 행복한 삶을 살기 위해 왕성한 작품 활동을 펼치고 있습니다. 2018년엔 아이패드로 영국 엘리자베스 2세 여왕의 통치를 기념하기 위한 스테인드글라스 창을 디자인하고, 코비드19 팬데믹 동안에는 아이폰에 그린 창밖 풍경을 모아 한정판 그림책 〈My Window〉을 출간하지요. 이처럼 노년에도 세상을 속속들이 관찰하는 그는 새로운 묘사 방식으로 트렌드를 이끄는 등 발전을 거듭하고 있습니다.

일상 속 행복을 포착해 예술가의 시선을 담아 전했을 때 기쁨을 줄 수 있다고 믿은 호크니. 우리는 그의 그림을 통해 평범한 일상을 특별한 예술로 느끼게 되지요. 매일 일상을, 캔버스 위를 다채로운 색깔로 채우는 그는 쓰러질 때까지 즐거운 삶을 살 예정이라지요. 마치 인생에서 후회할 시간 따위는 없다고 생각하는 것처럼요.

호크니처럼 특별한 삶은, 흔하디 흔한 물일지라도 고유한 투

명성에 주목하는 것처럼 사소한 시도가 쌓여서 만들어진다는 것을 기억하세요.

"예술은 우리가 세상을 아름답고,
스릴 있고, 신비롭게 보게 한다"

논란 없는 혁명이란
없습니다

끌로에, 펜디를 성공적으로 이끌었을 뿐만 아니라 샤넬에 입성해 "죽은 샤넬을 환생시켰다"라는 평가를 받은 패션 디자이너 고(故) 칼 라거펠트. 그는 생전에 일흔에 가까운 나이, 100kg에 육박하는 상태에서 13개월 동안 42kg 감량에 성공했지요. 바로 패션 디자이너 에디 슬리먼이 디자인한 디올 옴므 수트를 입기 위해서였지요.

한국에서는 대표적인 슬림핏 패셔니스타 지드래곤이 에디 슬리먼의 옷을 사랑했습니다. 그가 명품 브랜드 생로랑의 디렉팅을 맡은 이후 착용한 생로랑 컬렉션 의상만 수십 벌에 이르렀지요. 본인의 콤플렉스였던 깡마른 체형에서 가능성을 발견하고 남성복 업계에 슬림핏 트렌드를 만든 디자이너, 레거시를 무시하고 디올 옴므, 생로랑을 거쳐 셀린느까지 소신껏 브랜드를 이끈 혁신적인 디자이너 에디 슬리먼입니다.

"남성복은 에디 슬리먼 이전과 이후로 나뉜다"

1968년 프랑스 파리에서 태어난 에디 슬리먼은 패션에 대한 열정이 남달랐습니다. 미술이론 교육 분야로 유명한 에꼴뒤 루브르에서 미술사를 전공한 뒤 패션 디자이너의 어시스트로 일하며 경력을 쌓았고 루이비통, 입생로랑을 거치며 일찍이 천재 디자이너로 소문나지요.

그러다 2001년 디올 옴므의 수석 디자이너로 임명된 뒤 세계에서 명성을 떨치게 됩니다. 길고 늘씬한 일자 다리, 날카로운 턱선은 여성 모델의 전유물처럼 여겨지던 시대, 그는 남성들을 위한 파격적인 스키니룩을 선보입니다. 근육질 남성상이 대세인 데 반해 창백하고 깡마른 남자 모델을 채용하지요. 신선한 시도에 그의 패션을 동경한 남자들은 다이어트를 시작하고, 이때부터 이상적인 남성의 몸이 '슬림'으로 바뀌지요. 이를 통해 에디 슬리먼은 '남성복의 혁명가'라는 찬사를 받습니다.

"논란 없는 혁명은 없다"

그는 2012년 입생로랑의 수석 디자이너로, 2018년 셀린느의 크리에이티브 디렉터로 자리를 옮긴 뒤에도 계속해서 혁명을 일으킵니다. 입생로랑에서는 브랜드 유산을 깡그리 무시한 채 이름을 '생로랑'으로, 우아한 프렌치 스타일에서 세련된 록시크 스타일로 뜯어고치지요. 셀린느는 원래 절제된 우아함이 특징이었지요. 가죽, 스팽글, 시스루 등 다양한 소재를 사용한 록시크 감성을 내놓아 생로랑을 떠올리게 합니다. 타협 없는 그의 도전에 원래의 셀린느를 좋아하던 이들은 '오만한 패션계의 트럼프'라는 등 혹평을 쏟아내기도 하지요.

하지만 고집불통인 에디 슬리먼은 뜻을 굽히지 않습니다.

그가 생각하는 디자이너란 바로 자신만의 정체성을 주어진 조건에 맞춰 구현하는 사람. 또 브랜드를 전과 다르게 확 바꾸면 사람들의 눈길을 끌 것이고, 결국에는 매출이 오른다는 확신이 있었으니까요. 예상이 적중해 생로랑의 매출은 4년 만에 3배 성장했고, 셀린느도 시즌을 거듭하며 LVMH 그룹 사업보고서에서 "좋은 개선"에 이어 "기록적인 한 해"라는 호평을 받습니다.

> "늘 전혀 알지 못하는 것에서 영감을 받는다,
> 벼락 맞은 것처럼."

에디 슬리먼의 빛나는 성과 뒤에는 열정적인 '딴짓'이 있었습니다. 그는 일과 삶을 구분 짓지 않고 자신이 경험한 음악, 미술, 건축 등 모든 분야를 결과물에 쏟아붓곤 했지요. 한때 포스트 펑크 리바이벌에 심취한 그의 뮤즈는 바로 영국 뮤지션 피트 도허티였습니다. 스키니핏의 가죽 재킷, 흰 티셔츠와 검은 바지를 즐겨 입은 그는 에디 슬리먼의 패션관에 결정적인 영향을 끼쳤고 훗날 디올 옴므 수트를 탄생시킵니다.

감각적인 포토그래퍼로도 유명합니다. 2007년 디올 옴므를 떠난 뒤, 미국 LA에서 포토그래퍼로 활동하며 사진집 〈락 다이어리〉를 내지요. 능력을 인정받아 이후 생로랑의 광고 캠페인은 모두 그의 렌즈를 거치고 프라다 남성 컬렉션의 광고 비주얼까지 촬영합니다.

쇼 무대도 직접 디자인해 그가 있는 브랜드는 그의 손길이 닿지 않은 곳이 없을 정도지요. 2016년 생로랑 컬렉션에서 선보인 기하학적인 큐브. 쇼 시작과 동시에 회전하고, 그 사이로 모델들이 걸어나왔지요. 이는 설치 미술가 래리 벨에게서 영감을 받았습니다. 단편영화 〈I LOVE USA〉까지 제작한 그는 예술적인 조예에 깊이를 더하며 우리에게 다양한 방식으로 이야기를 들려주고 있습니다.

반짝이는 열정으로 독창적인 자신의 스타일을 만들고, 반대에도 불구하고 이를 밀어붙였으며, 곳곳에서 영감을 수집한 에디 슬리먼. 흔히들 조직에서 소신 있게 의견을 내서 논란을 일으키는 걸 두려워하지만, 그는 그 논란을 활용해서 빠르게 성공을 거둘 수 있었지요. 틀에 얽매이지 않는 생각을 하고, 이를 과감히 행동으로 추진하는 자세. 자유로운 영혼인 에디 슬리먼에게서 배울 수 있는 것들입니다.

스스로에게 한계를
두지 마세요

　2009년, 전 세계 흥행 1위를 기록한 영화 〈아바타〉. CG
가 상당한 부분을 차지하는 이 영화는 2시간이 훌쩍 넘는
긴 러닝타임에도 불구하고 수많은 관객을 사로잡았습니다.
2022년, 감독은 후속편을 공개하며 뛰어난 퀄리티를 자부했
고, 실제로 CG 등에서 압도적이라는 평가를 들었지요. 곧 일
흔을 바라보는데도 여전히 더 멋진 영화를 만들기 위해 도전
하는 감독, 제임스 카메론입니다.

1954년 캐나다 온타리오주에서 태어난 카메론은 어릴 적부터 미지의 세계에 뛰어들곤 했습니다. 공상과학 소설을 읽는 게 취미였지요. 계속 읽다 보니 경이롭고 다채로운 세계를 두 눈으로 직접 보고 싶었습니다. 당시에는 영상으로 구현한 작품을 쉽게 찾을 수 없어 혼자 머릿속으로 이야기를 만들며 상상할 뿐이었지요. 그러던 어느 날, TV에서 스쿠버 다이빙의 창시자인 자크 구스토의 다큐멘터리를 보게 되지요. 세계 곳곳을 여행하는 그가 보여주는 깊은 바닷속 세상은 상상한 그 어떤 장면보다 환상적이었습니다.

충격을 받은 카메론은 그날 이후로 스쿠버 다이버가 되기로 결심하지요. 문제는 내륙 지역에 살았기 때문에 집 근처에 바다가 없었습니다. 보통의 소년이라면 흥미가 식었을 텐데, 그는 포기하지 않고 아버지를 졸라 미국 뉴욕까지 가서 자격증을 이수합니다. 그렇게 바닷속을 마음껏 탐험하며 호기심을 채우지요. 이 경험을 통해 스스로에게 한계를 둬서는 안 된다는 중요한 깨달음을 얻습니다.

"꿈을 이룰 때는 과감해야 합니다."

그는 창작 욕구가 넘치기도 했지요.

혼자 시나리오를 쓰고, 아버지의 카메라로 영화를 만들면서 노는 것을 좋아했지요. 바다에 대한 애정과 창작 욕구를 조화시켜 시각적으로 멋지게 표현하고 싶은 마음에 청년이 되어 영화 감독을 직업으로 택합니다. 처음부터 성공 가도를 달린건 아니었지요. 1981년 〈피라냐 2〉로 데뷔했지만 예산 부족 등 제작상의 문제로 카메론 스스로도 숨기고 싶은 졸작이 탄생하고 맙니다. 이후 헐리우드 어디에서도 불러주지 않던 그는 직접 〈터미네이터〉 시나리오를 써서 제작사를 찾아가는데, 640만 달러의 예산으로 12배 이상인 7800만 달러의 흥행 수익을 거두며 화려하게 재기에 성공합니다.

〈터미네이터〉 시나리오를 쓸 때 흥미로운 일화가 있습니다. 그가 〈피라냐 2〉 연출을 하던 시절, 고열에 시달리다 잠이 들었는데 불꽃에 휩싸인 남자의 꿈을 꾼 것이지요. 꿈에서 깬 그는 이 꿈이 그의 인생을 바꿔줄 것이라는 것을 직감합니다. 그리고 기록해둡니다. 훗날 이 메모가 바로 터미네이터의 시작이었던 것이지요. 그의 직감처럼 〈터미네이터〉는 그의 인생을 바꿀 만큼 공전의 히트를 칩니다.

그러나 여기에서 만족하지 않았던 카메론.

그는 새로운 특수 효과를 개발해 색다른 비주얼을 구현하고 싶었습니다. 그 시작은 1988년 개봉작, 잠수함이 바다로 침몰한 사고를 다룬 작품인 〈어비스〉였지요. 영화는 반드시 필름으로 찍어야 한다고 여겨지던 시대, 그는 살아 움직이는 물을 CG로 표현해 필름 영상 속에 녹여냅니다. 이는 영화 역사상 CG를 이용해 만든 최초의 '생물'이었지요. 비록 흥행엔 실패하지만 관객들이 빠져든 걸 본 카메론은 전율을 느끼고, 신기술이 영화 산업의 미래임을 직감합니다.

다음 영화 〈터미네이터 2〉에서 그는 한발 더 나아갑니다. 영화의 주인공 악당 로봇을 CG로 표현해 그동안 보조 역할에 불과하던 특수효과를 전면에 내세우려 하지요. 3D 모델링으로 자연스러운 캐릭터를 제작하고자 35명의 스태프가 6개월 동안 심혈을 기울입니다. 실제 배우를 영상으로 찍고 눈동자 움직임 등 세밀한 동작까지 복사해서 컴퓨터에서 재현하지요.

매번 고생스러웠지만 결과물은 만족스러웠고, 영화는 1991년 전 세계 흥행 수익 1위를 기록할 정도로 대성공을 거둡니다. 혁명적인 기술을 감상한 관객들은 아날로그 시대에서 디지털 시대로 넘어가는 시기가 도래했다고 느낍니다. 그리고 모두가 질문을 품게 됩니다.

'카메론의 다음 작품은 과연 어떨까?'

"스스로에게 한계를 두지 마세요.
어차피 다른 사람들이 그럴 테니까요.
그리고 모험하세요. 위험을 감수해야만 합니다."

1994년, 카메론은 안주하지 않고 또 한계를 뛰어넘고자 〈아바타〉를 구상합니다. 환상적인 배경과 인간의 감정까지 가진 캐릭터를 CG로 구현해 벅찬 감동을 주고자 하지요. 당시엔 기술적 한계로 제작이 어려워서 일단은 포기해야 했습니다. 그의 머릿 속 상상이 혁신적인 기술을 만날 때까지 기다리다 보니 영화는 2009년에서야 세상에 나올 수 있었지요.

"21세기 영화는 〈아바타〉 이전과 이후로 나뉜다"라는 말이 나올 정도로 블록버스터 영화에 큰 획을 그은 〈아바타〉. 자연을 파괴하는 지구인들과 지키려는 외계인들이 싸우는 평범한 스토리인데도 독보적인 영상미로 호평을 받습니다. 모션 캡처 기술로 생생한 감정까지 표현하는 나비족 캐릭터를 탄생시키고, 3D 입체 기술로 실제 눈으로 보는 듯한 심도를 구현했지요. 3조 이상의 극장 흥행 수익을 올릴 정도로 반응이 뜨거웠지만, 카메론은 여기서 멈추지 않습니다.

〈아바타 2〉에선 실제로 물속에서 연기를 촬영하는 수중 퍼포먼스 캡처에 도전합니다. 이를 위해 96만 6천 리터가 넘는 물을 수용하는 거대한 물탱크와 퍼포먼스 캡처 스테이지를 설치하고, 스태프들과 배우들이 다이빙을 하는 등 18개월간 공을 들이지요. 이번엔 3시간이 넘는 긴 러닝타임에도 수많은 관객들을 극장으로 끌어모으는 데 성공했습니다.

카메론은 〈아바타 5〉까지 2~3년 간격으로 후속작을 공개할 예정이라고 하지요. 최첨단 기술의 도입으로 전례 없는 비주얼을 구현하는 그의 작품이 어디까지 나아갈지 기대가 모아집니다. 어릴 적 유독 호기심 많은 평범한 소년이었던 그는 노년

기인 지금까지 늘 상상을 현실로 만들곤 했지요. 불가능해 보이는 꿈을 이루기 위해 필요한 것은 다른 무엇보다 '스스로에게 한계를 두지 않는 마음'일 것입니다.

"현명한 사람이라면 아바타 같은 건 만들지 않겠지요. 하지만 전 바보처럼 4편 더 만들 거예요. 아바타 시리즈의 미래를 감히 예측하지 마세요. 예상과 다를 테니까요."

천재가 머무르지 않는
이유를 아시나요?

20세기를 대표하는 최고의 화가로 손꼽히는 파블로 피카소. 미술사에 한 획을 그은 그에겐 재밌는 에피소드가 많습니다. 어느날 레스토랑에서 식사를 하던 피카소는 자신의 팬을 만났지요. 스케치를 한 장 그려달라는 부탁에 그 자리에서 5분 만에 완성하고 약 1300만 원인 1만 달러의 그림값을 요구했다고 합니다. 또 아들이 찾아와 돈을 달라고 하자 금고를 여는 대신 그림을 그려줬다는 이야기도 전해지지요. 그도 그럴 것이, 그는 생전에도 작품 한 점으로 저택을 살 수 있을 정도로 그림

값이 비싼 화가였지요. 사람들은 젊을 때 일찍이 성공해 죽을 때까지 부자였던 피카소를 두고 타고난 천재라고 생각했습니다. 그런데 흔히들 잘 모르는 건, 그가 천재성을 타고난 것에서 그치지 않고 평생 치열하게 노력했다는 것입니다.

"진정한 예술가라면 밤낮없이 노력해야 하지.
완벽히 녹아들어야 한다고!"

피카소는 1907년, 〈아비뇽의 처녀들〉을 발표해 미술계에 큰 충격을 줍니다. 바르셀로나의 사창가인 아비뇨에서 영감을 받은 이 작품 속 여자들은 창녀들이라고 알려졌지요. 어딘가 공격성이 느껴지는 여자들은 하나의 면 위에서 원근법을 따르지 않고 뒤섞여 표현됐습니다. 여기에 깨진 유리 조각처럼 들쭉날쭉한 배경이 어지럽고 불편한 힘을 더하는데, 화가 조르주 브라크는 작품을 보고 "휘발유를 들이킨 다음, 입으로 불을 뿜어내는 사람을 볼 때처럼 위협을 느꼈다"라고 말하기도 했지요.

이 그림이 현재까지 위대한 작품으로 손꼽히는 건 미술사 최초의 입체주의 작품이기 때문입니다. 입체주의란 3차원 대상을 여러 방향에서 본 모습을 평면적인 3차원 캔버스 위에 나타낸 화법으로, 사물의 앞뒤가 동시에 그려지는 등 현실적으로 공존할 수 없더라도 다양한 시점이 나타나는 게 특징입니다.

피카소는 전통적인 회화 방식, 즉 원근법을 이용한 3차원적인 그림 구성에 불만을 품고 이를 과감히 깨버립니다. 대상을 보이는 대로만 비슷하게 재현하는 것에서 벗어나 사물을 다각적으로 바라보고, 이를 새로운 화풍으로 표현하고자 수백 장의 크로키를 그려가며 연구했습니다. 바실리 칸딘스키 등 다른 화가들은 여기서 큰 영감을 받아 아예 대상의 재현을 거부하는 추상 미술로 가지를 뻗었지요.

이러한 피카소의 급진적인 시도는 작품을 처음 발표했을 때부터 세간의 인정을 받은 건 아니었습니다. 하지만 시대가 바뀌며 혁신적인 화풍이라고 주목받았고, 그는 천재적인 화가로 떠오르게 됩니다. 이러한 사람들의 평가와 상관없이 피카소는 자신의 예술 세계에 깊이를 더하기 위해 이 작품을 시작으로 입체주의를 계속 응용하고 발전시킵니다.

나아가 피카소는 예술가의 사회적 책무에 대해서 고민하고 미술의 새로운 역할을 제시하기도 했지요. 전쟁 속에서 희생된 사람들을 그린 그의 작품을 보고 사람들은 그 아픔에 공감할 수 있었습니다. 원래 미술은 아름다운 장식품 정도로 여겨졌으나, 그로 인해 사회에 참여하는 도구로까지 가지가 뻗어나가게 된 것이지요.

"회화는 아파트나 치장하기 위해 존재하는 게 아닙니다. 적과 싸우며 공격과 수비를 행하는 하나의 전투 무기지요."

피카소의 '반전 예술' 중 걸작으로 꼽히는 1937년작 〈게르니카〉를 보면 아이의 시체를 안고 울부짖은 여인, 부러진 칼을 쥐고 쓰러져 있는 사람 등 전쟁터의 참상이 고스란히 표현돼 있습니다. 폭 8m, 높이 3.5m의 대작이라 실제로 보면 압도감이 느껴지고, 어두운 흑백 톤이 비극적인 느낌을 더하고 있지요.

이 작품엔 스페인 내전에 관한 이야기가 담겨 있습니다. '게르니카'는 스페인 북부에 있는 작은 마을 이름입니다. 1939년부터 1975년까지 스페인을 지배한 프랑코 장군은 히틀러의 도움을 받아 1937년, 이곳에서 반정부 쿠데타를 일으켰지요. 장이 열리는 날, 무방비 상태의 사람들을 전투기로 공격합니다. 오후 내내 폭격은 계속됐고, 2천여 명이 처참히 목숨을 잃었습니다. 평화로웠던 마을이 폐허가 된 걸 보고 통탄한 피카소는 도저히 가만히 있을 수 없어 그림을 그린 것이지요.

그는 우리나라의 6·25 전쟁에도 주목했습니다. 전쟁이 발발한 1950년으로부터 반년 뒤 〈한국에서의 전쟁〉을 발표했지요. 그림을 보면 벌거벗은 여인들과 아이들, 이들에게 무기를 겨누는 병사들이 대조를 이룹니다. 병사들이 미군인지, 북한군인지는 알기 어렵지만, 그가 민간인의 고통을 나타내고자 했음을 분명히 알 수 있습니다. 피카소는 한국에 한 번도 가본 적 없지만 기사를 통해 소식을 봤고, 이처럼 멀리서라도 자신의 역할을 다하고자 했던 것입니다.

> "전쟁의 모습을 표현할 때 나는 오로지
> '잔혹성'만을 생각한다. 미국이나 다른 나라 군인들의
> 군모와 군복 같은 것들은 생각해본 적이 없다."

나이가 들어서도 창작혼을 불태운 그는 1973년 92세의 나이로 세상을 뜰 때까지 붓을 놓지 않았습니다. 평생 3만 점에 달하는 그림을 그렸다고 알려졌지요. 입체주의에 이어 사실주의, 신고전주의 등 다양한 양식을 자유자재로 구사할 뿐만 아니라 조각, 도예, 판화까지 열정을 뻗쳤습니다. 틈틈이 희곡과 시까지 썼는데, 이 모든 건 그가 늘 새로운 영감을 찾아다녔기에 가능했습니다. 어린아이들과 어울리며 창작 방식을 따라하는 등 특정한 규칙에 얽매이지 않고 자유로이 예술 세계를 펼치고자 노력하면서요.

평생 안주하지 않고 끊임없이 발전을 거듭한 피카소는 그만의 독창적인 스타일과 왕성한 작품 활동이 맞물려 미술사에 한 획을 그을 수 있었습니다. 피카소처럼 노력하면 그에 걸맞는 보상이 따라온다고 단언할 수는 없으나, 그래도 노력해야 합니다. 특정한 분야에 깊게 몰입할 때 우리는 다른 어느 때보다 생생한 즐거움을 느끼니까요. 설령 피카소처럼 뛰어난 화가로 인정받지 못했더라도, 그 과정에서 살아있다는 기분을 누렸으니 행복하게 살아갈 수 우리가 머무른 자리가 아니라,

우리가 지금 서서 나아가는 자리가 곧 우리가 누구인지를 말해주는 것입니다.

남은 인생만큼은
스스로를 위해서만 살아가세요

자신의 인생 자체를 철학적인 사유의 대상으로 삼은 철학자
가 있습니다. 일상생활에서나 사소한 경험에서나 그 모든 것
을 철학으로 연결한 몽테뉴의 이야기입니다. 물론 이전에도
자신의 삶을 기록한 이들은 많았겠지요. 그러나 인간이란 자
신의 인생에서 교훈과 이유를 찾을 수 있다고 믿고 그 철학을
실천해 남긴 사람은 몽테뉴가 처음이었다고 합니다.

대부분 사람들은 멘토를 찾거나 배울 점이 있는 사람을 추
종하거나 닮아가려고 애씁니다. 물론 그 행위 자체가 잘못된

것은 아니지요. 그러나 본인의 상황과 상태를 알고 닮을 수 있는 능력이 되는지에 대해 먼저 자문하고 성찰해야 하는데, 대부분은 그렇지 못한 경우가 많습니다. 지금의 나를 돌아보지 않고 누군가를 맹목적으로 따르다 보면 나를 잃고 그 누구도 아닌 사람만이 남게 됩니다. 몽테뉴는 모든 인간에게는 스스로를 바라보는 독특하고 개성 있는 시선이 있다고 생각했고, 스스로를 본보기로 삼아야 함을 깨달았습니다. 그 대표적인 사례가 바로 본인이 될 수 있다고 여겼지요.

"나는 아무런 꾸밈 없이 있는 그대로의 나를 내놓는다"

부유한 집안 출신인 미셸 드 몽테뉴는 1533년 페리고르 지방의 몽테뉴 성에서 태어나 어릴 때부터 라틴어 교육을 받고 16세에 법학을 전공한 뒤 24세에 보르도 고등법원의 재판관을 지냈습니다. 이후 아버지의 뒤를 이어 몽테뉴의 영주가 되고 그 이후 몽테뉴의 큰 업적이 빛을 발하게 되지요. 바로《수상록》입니다.《수상록》은 '시도'라는 뜻인 '에세(Les Essais)'를 원제로 하는데, 타인의 시선과 세상이 아니라 나를 이해하는 것이 타인을 이해하는 것이며 세상을 이해하는 길이라는 것이 이 책의 결론이지요. 이 '에세'라는 독특한 문학 형식을 처음 도입한 몽테뉴가 바로 우리가 말하는 수필 즉 '에세이'를 최초로 고안해낸 인물인 것입니다.

《수상록》은 삶에 대한 전반을 이야기하는데, 스스로에 대한 고찰과 죽음, 자기성찰과 관계, 사회 전반에 대한 인간의 사상을 담은 고전 수필입니다. "내가 기록하는 글은 나 자신이며 나의 본질이나 다름없다"라며 인간 보편을 솔직하게 이야기하고 있습니다. 인간에 대해 고찰하고, 어떻게 살아야 할 것인가에 대한 친절한 해답과 주석이 달린 책이기도 합니다. 그러나 중세시대 당시 문학은 카톨릭 신학을 기반으로 삼았는데, 《수상록》은 성서를 인용하지 않고 '나'에 대해 집중하고 고찰했기에 1676년 바티칸의 금서 목록에 오르기도 했습니다.

《수상록》에서 삶을 돌아보면서 느낀 솔직한 인간의 감정을 담아낸 그는 결혼 생활에 대해서도 다양한 글을 남겼는데, 다음과 같이 유머스러우면서 위트가 넘치는 부분도 많습니다.

"우리는 결혼하지 않고는 못 견디면서도 결혼을 경멸한
다. 그래서 새장에서와 똑같은 일이 일어난다. 밖에 있는 새
들은 새장에 못 들어가서 애를 태우고, 새장에 있는 새들은
마찬가지로 밖에 나가려고 애쓴다."

피식 웃음이 나기도 하는 이 대목을 읽다 보면 공감이 갈 수
밖에 없습니다. 물론 그는 결혼이란 경건하고 신성한 결합이며,
결혼을 통한 쾌락은 억제되고 진지하며 조심스럽고 양심적이
어야 한다고 말했습니다. 즉 결혼으로 인해 이어지는 두 사람
의 결합이 아름답고 행복한 삶으로 이어져야 하지만 그 과정에
서 나타나는 다양하고 진솔한 감정 또한 잘 표현한 것이지요.

"가장 중요한 것은 어떻게 해야 나다워질 수 있는지
아는 것이다"

1669년부터 1724년까지 55년간 《수상록》은 프랑스에서 출판하지 못했으나 1724년 영국에서 출판되어 프랑스로 돌아옵니다. 독일의 철학자 헤르더는 《수상록》에 대해 자연회귀를 주장한 부분을 높이 평가했고, 니체가 몽테뉴를 찬양할 정도로 《수상록》은 유럽 각국의 문학에 큰 영향을 끼쳤습니다. 500년의 시간이 지나서도 읽히고 있고 사람들이 찾고 있으니, 그만큼 그의 힘을 느낄 수 있는 대목이지요.

다음 문장에서도 또다시, 인간에 대한 그의 솔직함을 찾을 수 있습니다.

"나는 사람의 비위를 맞출 줄도, 사람을 즐겁게 해줄 줄도, 사람에게 아첨할 줄도 모른다. (…중략…) 내게는 진심으로 말하는 재간밖에 없다."

인생에서는 때로는 남의 비위를 맞출 줄도 알아야 하고 상대의 상황을 봐가면서 자세를 낮추거나 변형해야 하는 것도 당연할지도 모릅니다. 그러나 몽테뉴는, 남을 위한 삶을 살면서 스스로를 잃을 바에는 진심을 말하되 인간관계를 다시 돌아봐야 한다고 전합니다. 결국 진심을 보이지 않고 이어지는 관계는 모래성처럼 파도에 금방 휩쓸려 사라지고 마니까요. 인간이 살아가면서 진심으로 대하는 사람이 몇이나 될까요. 가족간에도 서로에게 상처를 주거나 피해를 입을까 봐 거짓을 말하는데 말입니다.

그러나 세월이 지나고 보면 그 자리에서 진솔히 이야기한 것들이야말로 관계에 도움이 되었음을 깨닫게 됩니다. 몽테뉴도 그 의미를 알았기 때문에 《수상록》에 남겼겠지요. 그 가운데 가슴을 뛰게 하고 벅차오르는 감동을 불러일으키는 글 한 대목을 다시 전합니다.

"타인을 위한 삶은 충분히 살았다. 이제 남아 있는 인생만큼은 스스로를 위해 살자. 모든 생각과 의도가 우리 자신과 우리의 안위를 지향하게 하자. 확실한 자기만의 방을 마련하는 것은 아주 중요해서, 다른 일과 병행하기에는 다소 벅찰 수 있다. 그러나 신이 우리에게 떠날 겨를을 주었으니 채비를 하자."

삶을 이겨낸 사람들의 인생 문답

"나만의 철학을 세워야 한다." -사르트르

"모든 비극이 다 나쁘기만 한 건 아니다." -팀 버튼

"나에게 있어 세상은 상식에 대한 도전이다." -르네 마그리트

"나는 색깔 있게 사는 걸 좋아한다." -데이비드 호크니

"논란 없는 혁명은 없다." -에디 슬리먼

"스스로에게 한계를 두지 마세요. 어차피 다른 사람들이 그럴 테니까요. 그리고 모험하세요. 위험을 감수해야만 합니다."
-제임스 카메론

"회화는 아파트나 치장하기 위해 존재하는 게 아닙니다. 적과 싸우며 공격과 수비를 행하는 하나의 전투 무기지요."
-파블로 피카소

"타인을 위한 삶은 충분히 살았다." -미셸 드 몽테뉴

stories of people
who walked their own path

삶이 벽이라고 느껴진다면 그 너머를 상상하세요
당신을 기다리고 있을 그 무언가를

_____

_____

_____

에필로그

한 의사가 죽음을 앞둔 이들에게 물었다고 합니다. 삶을 살아오면서 가장 후회하는 것이 무었이냐고요. 예상대로, 건강을 미리미리 챙기지 못했던 것, 있는 그대로에 감사하지 못했던 것, 쓸데없는 걱정을 많이 했던 것, 나 자신을 위해 좀 더 용기를 내지 못했던 것(여행, 도전, 사랑 등에 이르기까지) 등이었습니다.

사랑하는 이들에 대한 고마움, 미안함, 행복함, 아쉬움 등 수많은 감정과 다양한 말들이 쏟아져 나왔겠지만, 가장 많이 하는 후회는 다소 의외이기도 합니다. 바로 '조금 더 친절하지 못했다'라는 후회와, 더 많이 사랑을 베풀지 못했던 것이라고 합니다.

돌이켜 생각해보면 '친절'이라는 단어는 주로 타인을 대상
으로 쓰이는 듯하지만, 나 자신에게도 적용되는, 아니 적용해
야 하는 말이기도 합니다. 후회하지 않는 삶을 살려면 나 스스
로에게 친절해야 한다는 의미에서 말이지요. 건강을 위해 더
친절히 운동을 해주었어야 했고, 스트레스를 덜 받기 위해 걱
정을 멈추는 친절을 스스로에게 베풀어야 한다는 것. 우물쭈
물했던 시간 가운데 조금 더 진취적인 나로 거듭날 기회를 주
는 친절까지도. 삶에 대한 후회는 어쩌면 자신에 대한 집중과
반비례하는 듯합니다.

우리는 우리 자신의 내면의 소리에 귀를 기울일 때 진정한
행복에 다가갈 수 있습니다. 삶의 매순간마다 자신의 마음을

들여다보고, 스스로에게 질문하고 또 대답하며 자신에게 맞는 일과 삶을 찾아간 이들이 있습니다. 음악을 탐구하며 사회와 환경에 대해서도 조용히 목소리를 높였던 류이치 사카모토, 차별과 편견에 맞서 싸우며 배우의 길을 걸어온 매릴 스트립, 시대의 억압을 넘어 자유를 표현한 화가 클림트 등, 이 책에 소개된 35인의 현자, 선구자, 개척자, 곧 자신만의 길을 걸어간 이들의 삶에서 발견할 수 있는 공통된 메시지는 무엇일까요? 결국 스스로에게 집중하고, 자신만의 가치를 담은 삶의 방식을 찾고, 그 방식을 따라 살아가자는 것입니다.

찰리 채플린이 우리네 인생을 두고 '멀리서 보면 희극이지만 가까이에서 보면 비극이다'라고 했던 말처럼, 이 책에 담긴 이들의 삶과 글은 소중한 까닭은 그저 그들이 멋지고 성공한 인생을 살다 갔기 때문이 아닙니다. 어떤 멋진 삶, 성공한 삶을 동경하고 공감해서가 아니라, 그들 나름대로 상처를 극복하고 나아간 진짜 인생 이야기들이기 때문에 더 소중하겠지요. 우리 삶에 비추어 한 단계 나아갔기에, 우리가 다시 한번 그들의 삶을 살펴보며 우리 인생에서도 조금은 행복하고 빛나는 존재가 될 수 있다는 희망을 가질 수 있을 것입니다.

물론 이 책에 담긴 모든 이야기가 모든 삶의 척도가 될 수는 없겠지만, 단 한 문장이라도 마음에 새겨 후회 없는 삶을 살아가는 데 조금이라도 도움이 되길 바랍니다. '시기를 놓쳤다면', '사람을 놓쳤다면', '포기해버렸다면' 그래도 아직 괜찮습니다.

마지막 날까지 성장하고 깨우칠 수 있다는 것은, 망각과 더불어 인간에게 주어진 가장 큰 축복이니까요. 피카소와 마티스는 서로 경쟁하고 서로 존경하며 함께 성장했고, 일론 머스크의 어머니인 메이 머스크는 고통스러웠던 과거를 딛고 60세 이후 모델로 데뷔해 지금까지 활발히 활동하고 있습니다.

늦은 나이란 없습니다. 늦은 후회만이 있을 뿐이지요

다시 돌아가고 싶은 인생의 순간이 있나요? 그렇다면 무엇을, 어떻게, 왜 바꾸고 싶나요?

이 질문에 어떤 순간도 떠올리지 않는 사람은 없을 것입니다. 결국 후회 없는 삶이란 없으니까요. 그러나 우리는 매일 스스로를 돌아보고 존중하는 일상을 쌓아가며 서서히 나아갈 수 있습니다. 후회에 매몰되어 현재를 즐기지 못하는 삶을 살지 마세요. 인생에서 가장 후회되는 것이 뭐냐고 묻는다면, 미소 지으며 아직은 없다고 당당히 말할 수 있는 그날이 오기를 희망하고 응원하겠습니다. 인생이라는 길고 가느다란 선을 소중히 엮어가기를.

"인생을 사랑한다면 시간을 낭비하지 마라. 인생은 시간 그 자체이기 때문이다." -벤저민 프랭클린

인생에서 가장 후회되는 게
뭐냐고 묻는다면

ⓒ 노우티, 2023

초판 1쇄 발행 2023년 5월 2일
초판 2쇄 발행 2023년 5월 23일

글 노우티
기획편집 배나루 박유진
디자인 SLOWLY DESIGN
콘텐츠 그룹 한나비 이가람 이현주 박서영 전연교 박영현 장수연

펴낸이 전승환
펴낸곳 북로망스
신고번호 제2019-00045호
이메일 book_romance@naver.com

ISBN 979-11-91891-33-1 (03190)